Kerouac

L'écriture comme errance

DU MÊME AUTEUR

Henri Bremond et la poésie pure, Paris, Minard, 1967 ; Québec, Presses de l'Université Laval, 1967.

L'Âge de la littérature canadienne, Montréal, Hurtubise HMH, coll. « Constantes », 1969.

Poésie des frontières. Étude comparée des poésies canadienne et québécoise, Montréal, Hurtubise HMH, coll. « Constantes », 1979 ; traduction anglaise : *Poetry of Frontiers. An Essay on Canadian and Quebec Poetry*, Victoria BC/Toronto, Press Poercepic, 1983.

Comparaison et raison. Études sur l'histoire et l'institution des littératures canadienne et québécoise, Montréal, Hurtubise HMH, coll. « Constantes », 1987.

Qu'est-ce que l'histoire littéraire?, Paris, Presses universitaires de France, coll. « Littératures modernes », 1987.

L'Histoire littéraire, Paris, Presses universitaires de France, collection « Que sais-je ? », 1990, réédition 1997. Traduit en japonais, en grec et en roumain.

Le phénomène de la littérature, Montréal, L'Hexagone, coll. « Essais littéraires », 1996. Traduit en arabe.

Ces étrangers du dedans. Une histoire de l'écriture migrante au Québec (1937-1997), en collaboration avec Renate Hildebrand, Québec, Éditions Nota Bene, coll. « Études », 2001.

Écritures migrantes et identités culturelles, Québec, Éditions Nota Bene, coll. « Essais critiques », 2008.

CLÉMENT MOISAN

Kerouac
L'écriture comme errance

Constantes
Hurtubise

Catalogage avant publication de Bibliothèque et Archives nationales du Québec
et Bibliothèque et Archives Canada

Moisan, Clément, 1933-
    Kerouac : l'écriture comme errance
    ISBN 978-2-89647-254-3
    1. Kerouac, Jack, 1922-1969 - Critique et interprétation. 2. Vie errante dans la littérature. 3. Contre-culture dans la littérature. I. Titre.

PS3521.E735Z77 2010   813'.54   C2009-942769-9

Les Éditions Hurtubise bénéficient du soutien financier des institutions suivantes pour leurs activités d'édition :

- Conseil des Arts du Canada ;
- Gouvernement du Canada par l'entremise du Programme d'aide au développement de l'industrie de l'édition (PADIÉ) ;
- Société de développement des entreprises culturelles du Québec (SODEC) ;
- Gouvernement du Québec par l'entremise du programme de crédit d'impôt pour l'édition de livres.

Illustration de la couverture : Polygone Studio
Maquette de la couverture : René St-Amand
Mise en page : Folio infographie

Copyright © 2010, Éditions Hurtubise inc.

ISBN : 978-2-89647-254-3

Dépôt légal : 1er trimestre 2010
Bibliothèque et Archives nationales du Québec
Bibliothèque et Archives du Canada

Diffusion-distribution au Canada :
Distribution HMH
1815, avenue De Lorimier
Montréal (Québec) H2K 3W6
Téléphone : 514 523-1523
Télécopieur : 514 523-9969
www.distributionhmh.com

Diffusion-distribution en Europe :
Librairie du Québec /DNM
30, rue Gay-Lussac
75005 Paris
www.librairieduquebec.fr

 La *Loi sur le droit d'auteur* interdit la reproduction des œuvres sans autorisation des titulaires de droits. Or, la photocopie non autorisée — le « photocopillage » — s'est généralisée, provoquant une baisse des achats de livres, au point que la possibilité même pour les auteurs de créer des œuvres nouvelles et de les faire éditer par des professionnels est menacée. Nous rappelons donc que toute reproduction, partielle ou totale, par quelque procédé que ce soit, du présent ouvrage est interdite sans l'autorisation écrite de l'Éditeur.

Imprimé au Canada
www.editionshurtubise.com

Table des matières

Introduction
Encore Kerouac !............................... 9

Première partie
VIVRE

Chapitre 1
Le voyageur et le vagabond.................... 21

Chapitre 2
La retraite et la solitude 33

Chapitre 3
Le héros de la nuit américaine................. 49

Deuxième partie
ÉCRIRE

Chapitre 4
Roman détruit / roman construit 69

Chapitre 5
Barde et peintre à la Pollock 89

Chapitre 6
Le musicien de la prose américaine 109

Conclusion
Au bout de la route, la fin du périple........... 125

Bibliographie................................ 135

Notes 143

Introduction

Encore Kerouac !

Presque toutes les fictions ne consistent qu'à faire croire d'une vieille rêverie qu'elle est ressuscitée.

André Malraux[1]

Le récit révèle mais, le révélant, cache un secret ; plus exactement, il le porte.

Maurice Blanchot[2]

Il existe beaucoup d'écrits sur la vie et l'œuvre de Jack Kerouac. Et vient s'ajouter à cette liste le présent ouvrage, qui ne veut en rien répéter les autres, ni redire une fois de plus ce que l'on sait déjà. Il s'agira plutôt de ressaisir le message de l'auteur dans ce qu'il a d'essentiel, mais surtout de considérer, d'un autre point de vue, ce que l'on appelait son « style », sa façon d'écrire et d'exprimer sa vision du monde. Certes, les fictions de Kerouac ne concernent que lui-même et son univers, celui de l'enfance d'abord et celui de l'âge adulte ensuite, qui ressemblait d'ailleurs beaucoup au premier. Mais elles dépassent le cadre de sa vie personnelle et, sous bien des aspects, sont porteuses de sens comme le sont les grands sommets de la littérature universelle.

La quête du sens d'un texte littéraire constitue sans aucun doute l'une des plus puissantes motivations du lecteur. L'envie de savoir « ce que ça veut dire » mais aussi « ce que ça dit » pousse à lire et, plus encore, à relire, à explorer le texte lu, à le doubler par notre lecture qui devient un autre texte, tâtonnant, toujours provisoire, dont les diverses manières d'être vont de l'interrogation et du commentaire au développement, à l'amplification, en somme au résumé des efforts qu'exige la traduction d'une vie en fictions douées de significations et de valeur. Cette attitude de lecture vaut également pour Kerouac, dont les textes ne livrent jamais trop vite leurs secrets, au contraire même ils résistent, malgré leur semblant de facilité, à les révéler au grand jour, ils les camouflent, les réservent, les refusent. Ou, comme le dit Maurice Blanchot, cité en exergue, ils les « portent ». Les lecteurs que nous sommes sentent le besoin de se soumettre aux impulsions des textes mais aussi de découvrir en eux l'aiguillon capable d'en percer le secret, de l'interpréter et de le révéler à d'autres. Tel est le but de cet essai.

Tout écrivain appartient à son lieu d'existence, à son temps, aux événements qui l'ont marqué : ses amours, ses idéaux, ses manies, sa façon de voir le monde, le sien et celui de ceux avec qui il chemine. Aucun n'échappe à cet héritage, reçu dès la naissance et conservé, voire cultivé, pendant toute une vie. Chez Kerouac, la ville de Lowell illustre parfaitement ce point, car elle a forgé sa sensibilité et joué un rôle de premier plan dans ses écrits. Certains biographes et critiques s'accordent pour affirmer que Lowell est pour Kerouac une source de spiritualité, de tendresse et de joie qui colore toute son œuvre[3]. D'autres considèrent sa ville de naissance comme un lieu de tristesse associé à la mort de son frère Gérard dont il devra sa vie durant prendre la place auprès de ses parents, et plus tard celle de son père auprès de sa mère. Il se verra donc dans l'obligation de conjuguer ces responsabilités avec son désir d'émancipation. Ce conflit ne cessera de le hanter tout au long de sa vie. Par sa situation en Nouvelle-Angleterre, Lowell est une cité reliée au Nord, le pays des parents et ancêtres de l'auteur. En particulier par le Merrimack, ce « fleuve puissant à l'échelle du continent » (*Docteur Sax*, 14[4]), qui, comme il l'écrit, est « un être mystérieux et fantastique, issu des neiges nordiques », d'un « Nord d'éternités » (*ibid.*, 12, 15). C'est à sa naissance en mars 1922 que Kerouac fait remonter son attachement à ce cours d'eau, un fleuve bondissant au moment du dégel, avec sa charge de blocs de neige et de glace en train de fondre.

> Au-dessous, la neige humide [...] se mettait à fondre et à rejoindre les eaux rougissantes du Merrimac. Je suis né. Sommets des toits sanglants. Fait étrange. J'arrive, tout yeux ; j'entends bruire la rivière ; je me souviens de cet après-midi-là ; je l'ai aperçue à travers les chapelets qui pendaient à la porte [...] la neige fondait (*Docteur Sax*, 24).

L'orchestration et la dramatisation de cette arrivée au monde rappellent la manière de Chateaubriand évoquant la sienne dans ses *Mémoires d'outre-tombe*. Chez Kerouac, au lieu de la mer, c'est une rivière qui accompagne de ses bruits ce premier événement de la vie. Mais le bébé qui arrive au monde à Lowell n'est pas sans souffle, presque sans vie, au contraire de celui de Saint-Malo, il est « gras comme un baril de beurre » (*Docteur

Sax, 25). Kerouac invente même toutes sortes de légendes pour embellir ce cours d'eau dont celle d'un garçon amoureux, héros des contes de Hans Christian Andersen, qui, là où les fées se penchent au-dessus de ses débuts nordiques, laisse tomber une rose dans la rivière un samedi soir au moment où sa petite Gretchen l'a plaqué pour un autre.

> La rose destinée à Gretchen [...] descend la vallée du Merrimac, elle suit ce lit éternel, elle descend jusqu'à Pemigawasset [...] vers l'étrange, vers les poèmes de la nuit (*Docteur Sax*, 174).

Le Merrimack a toujours été pour Kerouac une source de rêve et de poésie, et ses lointaines origines nordiques baignent son Lowell de « grands arbres antiques du Nord rocailleux qui se balançaient au-dessus des flèches perdues et des scalps d'Indiens » (*Docteur Sax*, 15).

Mais la vie commencée dans un endroit se poursuivra dans plusieurs autres. Bien qu'il se soit toujours réclamé de son ascendance canadienne-française, plus exactement de sa souche française et bretonne, Kerouac est et reste d'Amérique[5], profondément enraciné dans ce pays immense qu'il a parcouru de bout en bout, d'est en ouest, du nord au sud. Ce que l'on a surtout retenu de lui, c'est son goût de l'aventure, du voyage et du vagabondage. Comme Jack London, il a lui aussi voulu être un aventurier, allant même jusqu'à devenir un clochard sympathique, un « hobo » frénétique. *Sur la route* a montré cet aspect le plus connu de son caractère et de son trajet. Mais cet être contradictoire, voué à l'exploration du continent, a aussi recherché la solitude et la retraite, la contemplation même. Une partie de sa vie a été une quête de la paix, du repos et du bonheur, alors que l'autre, celle de *Sur la route* et de ses suites, fut une constante recherche d'émotions fortes et d'action, conflit qu'il ne parviendra jamais à résoudre. Cherchant un apaisement dans les mystiques orientales, attrait qu'il partageait avec ses amis et compagnons de route, Kerouac s'est fait héros de la nuit, d'une nuit propice au vagabondage comme à la contemplation, une nuit américaine triste, loin de la sérénité des siens, de sa famille, de sa mère surtout, qu'il a toujours voulu avoir avec lui, sans jamais y parvenir vraiment. Mais aussi et surtout, il s'est fait le protagoniste d'une nuit faite de la noirceur de la société américaine des années 1950 et 1960, qui, vouée au confort matériel et à la standardisation des activités, sombrait dans une paralysie morale, intellectuelle et spirituelle. Il a incarné toutes les aspirations des jeunes hippies, ceux de la Beat Generation entre autres, ces écrivains hors des normes et des sentiers battus dont il a été baptisé le père, qui proposaient des modèles de révolte sociale et de revendications radicales propres à réformer cette « Amérique si grande, si triste, si noire » (*Le vagabond solitaire*, 34).

La première partie du présent ouvrage, intitulée VIVRE, s'attarde à trois aspects de Kerouac et de son époque, soit : le voyageur et le vagabond ; la retraite et la solitude ; le héros de la nuit américaine. Sa vie a été une errance dont l'écriture, elle aussi errante, rend compte.

La deuxième partie, que je nomme ÉCRIRE[6], mettra d'abord de l'avant le fait que Kerouac a voulu lui-même affirmer son statut d'auteur, sans créer le mystère autour de lui, ce que ses critiques et commentateurs ont volontairement oublié, ridiculisant cet aspect essentiel de son écriture, sa fonction littéraire, sa réalité formelle. Puis nous pousserons plus loin dans la recherche du sens des textes de l'écrivain. Car, en explorant la manière d'écrire et toutes les facettes de cette poétique de Kerouac, c'est le message que nous rechercherons. Dans ce but, j'ai choisi trois éléments proprement rhétorique, stylistique et esthétique de ses écrits qui mettent en évidence que Kerouac savait ce qu'il faisait, comment il le faisait et pour quel lecteur il le faisait. D'abord, je me suis intéressé à la construction de ses romans, qui ont toujours paru désorganisés, débraillés, faits de bric-à-brac, de linéarités simples. En fait, ce qui semble déconstruit est au contraire construit avec raffinement et grande rigueur. Il affirmait que les écoles littéraires limitent les hommes, même lui. Mais il a su s'en détacher, et en cela il rejoignait sa vraie nature de rebelle et de contestataire. Ensuite, j'ai constaté que son écriture, toute de charme et de spontanéité, est dotée de qualités particulières qui en font une sorte de poésie inspirée par la peinture. Il est un vrai poète, même si on connaît peu ou mal cette partie de son œuvre. « Je m'amusais à écrire de petits poèmes à la manière d'Emily Dickinson », confesse-t-il (*Les clochards célestes*, 133). Ailleurs, il se comparera à Rembrandt « occupé à mettre de légères touches de ténèbres sur ses toiles » (*Les anges vagabonds*, 10). Enfin, j'ai observé que sa prose a toutes les tonalités de la musique, une musique américaine, proche du jazz, comme il le dit lui-même :

> Je veux être considéré comme un poète de jazz
> Soufflant un long blues au cours d'une
> jam-session un dimanche après-midi [...]
> (*Mexico City Blues*, 15)

Pour reprendre à la musique son bien, il aspire à l'écriture automatique, à une prose spontanée *without consciousness*, comme dans une sorte d'état de transe, une errance de l'écriture. Les trois éléments retenus pour cette analyse sont : la construction/déconstruction romanesque, une écriture proche de la poésie/peinture et une certaine parenté avec la musique be-bop, s'inspirent des théories et productions surréalistes, de celles d'Aragon plus que de celles de Breton. Mais c'est Breton que Joseph Cornell rencontre à Paris en 1966, Breton qui a découvert en France Philip Lamentia, un représentant du mouvement surréaliste américain.

Après la lecture de cet essai, on comprendra peut-être pourquoi Kerouac est considéré à juste titre comme un des modèles de la prose moderne. Il est un écrivain soumis à la réalité qu'il vit, ouvert à elle, amoureux d'elle, en accord avec sa respiration, ses avancées et ses retours en arrière. Pour cette raison, il a voulu restreindre au maximum l'inhibition littéraire, grammaticale et syntaxique qui entrave le travail d'écriture. Mais aussi, il s'est donné pour tâche de raconter l'histoire du monde intérieur, en exploitant toutes les ressources narratives de ce que l'on a appelé le modernisme et le postmodernisme. Dans son panorama de l'histoire du roman, le comparatiste Douwe Fokkema signale deux moments dans cette évolution. Le premier est celui des hypothèses du modernisme qui reposent sur des conventions littéraires illustrées par les œuvres de

Gide, Larbaud, Thomas Mann, Ter Braak et Du Perron, qui privilégient des constructions hypothétiques et mettent l'accent sur des conventions comme l'incomplétude et l'indétermination du texte, sur le doute épistémologique quant à la possibilité de représenter, d'expliquer et d'exprimer la réalité, et enfin sur la séparation des deux actes que sont la lecture et l'écriture. Le deuxième moment, le postmodernisme, ne fait que prolonger le premier jusqu'à mettre en évidence ses impossibilités, soit en développant les aspects extrêmes du modernisme, soit en multipliant les tendances de nature idéologique ou critique, dont la tendance étatsunienne s'affiche prépondérante, qui toutes prônent un degré de plus en plus grand d'abstraction[7]. Dans la liste des écrivains de la deuxième tendance, Fokkema n'inclut pas Kerouac, mais celui-ci se situerait dans cette lignée des Berth, Barthelme, Coover, Pynchon, Fowles, etc., car on trouve dans son œuvre les mêmes caractères distinctifs.

Mais le postmodernisme n'est pas seulement, selon Frederic Jameson, un choix stylistique ou une option esthétique, mais un moment de l'histoire culturelle, « un résultat naturel du capitalisme avancé ». Bien qu'il privilégie lui aussi le langage comme élément différenciateur, Jameson considère le postmodernisme comme la parfaite expression de la dernière phase du capitalisme qui a dissous la culture. Selon lui, le postmodernisme « doit être imaginé comme une explosion, une extension extraordinaire de la culture à travers la réalité sociale jusqu'à ce moment où tout dans la vie sociale – de la valeur économique et du pouvoir étatique à la structure intime de la psyché – peut être dit culturel dans un sens original et non encore autorisé[8] ». En ce sens, à la fois par le renouvellement de leur écriture mais aussi dans cette révolution socioculturelle qu'ils ont contribué à créer, Kerouac et son groupe d'écrivains appartiennent au postmodernisme.

Dans cet essai, j'ai eu recours le plus souvent possible à des sources critiques et essayistiques contemporaines de la parution des principaux ouvrages de Kerouac. Il m'a semblé qu'ainsi je rendais mieux compte des circonstances et des réactions de la vie littéraire de l'époque, en particulier de la naissance et de l'évolution de la Beat Generation, de son impact sur le climat social et intellectuel des États-Unis, de la portée des livres de Kerouac, de ses amis et compagnons sur la prise de conscience de la mentalité dominante, appelée américaine, et des transformations qu'ils voulaient ou souhaitaient lui apporter. Les ouvrages critiques postérieurs à la mort de l'écrivain, cités en bibliographie, ont servi à vérifier l'analyse des fictions romanesques, certains éléments biographiques ou circonstanciels, et à apporter des compléments d'information ou de synthèse sur divers points traités dans cet essai. Toutefois, pour des raisons pratiques, je n'ai que rarement fait des allusions directes à ces sources documentaires.

Le but recherché est de mettre le doigt sur la technique du récit de Kerouac, les significations qui en résultent dans les études et commentaires critiques, et sur le discours littéraire, sa portée et son sens. Contrairement à ce que croient les « modernes » dont il vient d'être question, l'écriture n'est pas plus séparée de la vie que de la lecture ; il existe un va-et-vient entre les trois, en somme entre la clarté voulue par les stratégies de l'écriture, les allers et retours de la vie et le secret entretenu par la lecture, entre la perfection du texte écrit et son inachèvement dans l'acte d'écrire et de lire.

Première partie

Vivre

CHAPITRE I

Le voyageur et le vagabond

> *J'ai lu la vie de Jack London à dix-huit ans et j'ai décidé d'être moi aussi un aventurier* […]
>
> (Le vagabond solitaire, 9)

> *Il était temps de nous remettre en route* […]
>
> (Sur la route, 300)

> *La route, c'est la vie.*
>
> (Sur la route, 262)

LES PREMIERS VOYAGES AMÉRICAINS de Kerouac vont d'est en ouest, de New York jusqu'en Californie, puis vers le sud jusqu'au Mexique et enfin au nord de sa Nouvelle-Angleterre natale, vers Montréal et Québec, le pays de ses ancêtres[1]. Ses autres déplacements hors de l'Amérique se font du côté de l'Europe, en bateau, et le mènent vers le Maroc, à Tanger d'abord, où il retrouve Burroughs, puis à Marseille et de là à Paris. Son séjour européen, qui avait pour but de retrouver ses racines française et bretonne², le ramène, une fois celles-ci reconnues, via l'Angleterre dans son Amérique étatsunienne. C'est là où se situent ses vagabondages, ses allers et retours sans but, au gré des circonstances et de rencontres, souvent fortuites, d'amis croisés en route et sur la route. Cette route n'est pas seulement le thème central de *Sur la route*, elle est au cœur de presque tous les autres récits, jusqu'à *Visions de Cody*, qui mettent en scène des pérégrinations réelles ou imaginées.

Il y a voyage mais aussi vagabondage. Ce dernier terme conjugue migration et errance, asocialité et délinquance. Les déplacements ici ne sont plus nécessairement physiques ou géographiques, mais rêvés, inventés et virtuels. Kerouac a toujours aimé se voir agir, vers des lieux indéfinis, des espaces lointains, qui ont rapport à son existence passée, celle de l'enfance ou de l'adolescence. Toute sa vie, il a désiré sortir du sein de sa famille, tout en gardant des attaches sentimentales ou émotives avec son milieu familier³. Les allers et retours sont constants, soumis à des pulsions, de l'intérieur vers l'extérieur, du dedans vers le dehors. Sous sa forme de mouvement ou de recherche, le voyage vers quelque paysage meilleur n'est souvent qu'une course à la mort, une odyssée décevante. Car la vraie patrie n'est pas de ce monde. Toutes les quêtes sont une sorte de rédemption, un retour à l'innocence, une aventure spirituelle.

Au début du *Vagabond solitaire* (9), il écrit qu'à dix-huit ans il a voulu être un aventurier comme son idole, Jack London. Et non seulement un aventurier comme lui, mais aussi l'auteur d'un livre, *On the Road*, qui a presque le même titre que celui de London : *The Road*⁴.

La première aventure, imaginaire et fictive, appartient à son enfance rêveuse et exaltée. En compagnie du docteur Sax, héros goethéen, comme il le dit, il part à la découverte des secrets du monde. Emportés comme sur un tapis magique, Sax et lui arrivent à un château fabuleux, plein de chambres secrètes et de corridors souterrains, qui se détruit devant eux et duquel est extirpé un serpent, symbole du mal. Kerouac explique l'allégorie du récit : « Le château du Monde s'était fait serpent » et il fallait le démolir pour que le serpent qui s'y cache en fût « happé et tiré vers le haut [...], soulevé dans un mouvement lent et gigantesque comme l'Éternité » (*Docteur Sax*, 266). Devenu sage, Sax dégage de cette expérience la leçon finale : « Nom de Dieu !! L'Univers se débarrasse tout seul de son mal. » C'est à peu de choses près l'atmosphère et le terme du voyage réel de Kerouac.

Cet épisode revient dans *Sur la route*, quand Dean a une nouvelle fois quitté son ami Kerouac. Le narrateur raconte à Marylou, abandonnée là par Dean, ses rêves qui remontent à cette période de l'adolescence. Il s'agit de ce « grand serpent du monde enroulé au centre de la terre comme un ver dans une pomme » ; quand il mourra, « de grands nuages de semences de colombes grises voltigeront dans l'air et porteront des nouvelles de paix au monde entier » (*Sur la route*, 212). La colline qui, par la suite, surgira, sera nommée la Colline du Serpent, comme à la fin du *Docteur Sax* où Sax note qu'on lui « donnait le nom de Colline aux Serpents [...] » (*Docteur Sax*, 244).

Toutes les équipées subséquentes auront plus ou moins ce caractère à la fois magique et religieux, à la manière d'une allégorie racontée par l'adulte à l'enfant, avec ce Serpent fabuleux, habitant un château gothique sur des collines peuplées de gnomes obéissant aux ordres du Sorcier. Ce paysage de l'enfance rejoint celui du voyageur adulte qui, au bout de sa route, revoit les chemins parcourus comme des traces indélébiles laissées dans sa mémoire. C'est que la route fait signe, « comme ces anges énigmatiques des chemins de la Bible, qui, loin devant, du seul doigt levé, faisaient signe de les suivre, sans daigner même se retourner[5] ». La route attire et envoûte. Une fois engagé sur elle, plus rien ne permet de s'arrêter, jusqu'à cette extase, étape finale, exorcisme ou récompense, qui indique le terme du voyage et amène sur les lèvres une prière.

Les hommes sont par nature des voyageurs ; leur histoire pourrait être celle d'une constante et perpétuelle migration. Comme René dans ses bruyères de Combourg, qui aspire à partir lorsqu'il voit ces oiseaux de passage dérivant vers des contrées lointaines où existe la perfection. De tout temps, le voyage fut un moyen de se dépayser, mais aussi de satisfaire ce besoin d'un « ailleurs » plus supportable que l'ici. À la fois par curiosité et envie, l'homme est à la poursuite d'une réalité ou d'une chimère. Ce n'est pas sans raison que l'aventure de la drogue se nomme « voyage » (*trip*), car elle en réunit tous les éléments : l'esprit d'aventure, le goût du hasard, l'attrait de l'inconnu ou de l'au-delà, le besoin d'exotisme, la fuite du quotidien et des banalités de la vie. Pour Kerouac, la route est attente et rencontre ; à partir d'elle, il a construit une épopée de la veille, du réveil et du désir. Elle ne débouche jamais sur quelque chose de fini, sur un terme fixé d'avance ; au contraire, le désir renaît sans cesse tout au long de son déroulement et l'expectative ne s'éteint jamais à la faveur des rencontres. Toujours plus loin doit exister autre chose ou quelqu'un d'autre et cela force à poursuivre la marche, comme un serviteur qui irait de conserve avec son maître, le suivant pas à pas, et cherchant à découvrir sur sa bouche les premières manifestations de ce clair-obscur annonçant l'étape espérée, l'oasis et ses palmiers. La route ! thème merveilleux qui a nourri une longue tradition de poésie épique, depuis l'*Odyssée* d'Homère.

Ce sont ces deux auteurs que la critique a réunis et associés au moment de la publication de *Sur la route*. Jack Kerouac devient alors ce Homère hippie de la génération montante, « ce rameau détaché de la société, agissant sous l'empire de tendances névrotiques[6] », qui a choqué tout le pays par ses débordements dionysiaques et son mépris pour les usages établis de la bonne société. Épopée fertile en aventures et leçons, dans laquelle toute cette génération s'est reconnue en s'identifiant à ses héros, l'antique mythologie du voyage reprenait vie dans un tout autre contexte, réincarnant son cortège d'expériences humaines : déjouer la ruse et l'astuce ; bien ou mal user de l'amour ; franchir les obstacles naturels et surnaturels ; en somme, triompher de la magicienne Circé, rencontrer Nausicaa aux bras blancs et passer de Charybde en Scylla. Et partout, avoir la nostalgie du pays perdu et de la fidèle Pénélope (pour Kerouac, sa mère) attendant avec obstination le retour du voyageur. À la fin, rentrer chez soi, « plein d'usage et raison », et écrire... Écrire les gens rencontrés sur la route, ces fameux loustics comme Carlo Marx (Allen

Ginsberg), Dean Moriarty (Neal Cassady), Old Bull Lee (William Burroughs), Tom Saybrook (John Clellon Holmes) et quelques autres, tous excentriques ou marginaux, tous partageant la même passion du voyage. Décrire aussi les lieux arpentés, sauvages et civilisés. Toutes sortes de scènes décrites par le voyageur dessinent le décor changeant et multiple de cette traversée de son Amérique. Une scène pastorale, baignée d'un soleil doré, sous un ciel d'un bleu aigu, à l'ombre d'un arbre biblique, avec des bergers bien sûr :

> Sous de grands arbres, dans le miroitement du désert, les bergers étaient assis et tenaient conseil et les moutons peinaient sous le soleil et soulevaient au loin des nuages de poussière (*Sur la route*, 368).

Ou des scènes du « cauchemar démentiel » des villes bruyantes :

> Tout au long, des taudis misérables en torchis s'étalaient sur la plaine ; on voit des silhouettes solitaires dans des ruelles obscures [...]. Des vendeurs de journaux nous gueulaient leurs titres. Des mécaniciens se trimbalaient, pieds nus, avec des clefs anglaises et des chiffons. De loufoques chauffeurs indiens, pieds nus, nous filaient sous le nez et nous assaillaient de toute part et klaxonnaient et s'adonnaient à une circulation frénétique. Le tumulte était incroyable (*ibid.*, 269).

Ces visions contrastées font voir dans leur dernière version le progrès étatsunien vers son infamie : dans l'aube morne et grise, « de coquets pavillons de banlieue illustrant toutes les variétés de l'ignominie » (*ibid.*, 29).

Mais l'Amérique de Kerouac, c'est tout cela qui mérite aussi d'être chanté comme une apparition :

Des coqs commencèrent à chanter l'aube dans les broussailles. Pas davantage d'air, ni de brise, ni de rosée, mais la même pesanteur du Tropique du Cancer qui nous clouait fous à la terre, notre mère et notre démangeaison. Il n'y avait pas de trace d'aurore dans les cieux (*Sur la route*, 363-364).

Le thème de la route revient dans presque tous les livres de Kerouac. Dans un de ses nombreux rêves, le narrateur en voyage des *Clochards célestes* revoit sa « maison natale abandonnée depuis longtemps là-bas en Nouvelle-Angleterre » et ses « jouets d'enfant [qui] tentaient de [le] rejoindre, tout au long de la route de plusieurs milliers de kilomètres qui s'enfonçait à travers l'Amérique » (12). La route joue ici le rôle de la tasse de thé de Proust ; elle déclenche le même mécanisme de synesthésie, cette mémoire affective qui réactualise les moments privilégiés de la vie antérieure. Elle est aussi un médium transportant les objets évoqués par le souvenir et les faisant resurgir de l'inconscient. Le « pèlerin errant », comme il se nomme (*ibid.*, 9), le « voyeur solitaire » a besoin à un moment ou l'autre de sentir ses racines, d'évoquer le monde aux marches duquel il évolue. Parlant de ses amis et de lui-même, Kerouac écrit : « Nous allons à l'aventure, comme des enfants » (*Le vagabond solitaire*, 150). Le voyage est conçu comme une aventure de gamin, qui devient au-delà de l'adolescence une volonté de revenir à l'univers de l'enfance. Toute la révolution de la Beat Generation semble avoir consisté en cela : sauver l'enfant qu'ils étaient tous, l'adapter au monde adulte en supprimant au besoin les valeurs de cette société de parvenus, une société vouée à l'activisme technologique et économique, enfermée dans les mesquineries du standing social et de la réussite matérielle.

La route dit non à cette bourgeoisie professionnelle et industrielle ; à ceux qui l'adoptent, la parcourent librement, y vivent, apprenant d'elle le sens de leur confort et de leur bien-être. Elle rejette le passé sans l'abolir et le futur sans le craindre ; elle est l'accomplissement du présent, du moment présent. « Vivre ici et maintenant », telle pourrait être la devise du vagabond solitaire ou du clochard céleste, comme elle a été celle du hippie. La société organisée ou adulte la considère comme un moyen de parvenir à un but, d'« arriver » ; les beatniks la voient comme un don gratuit, une grâce, une jouissance ; elle est un nouvel univers de communion, de fraternité et d'immédiateté. Alors que l'individualisme triomphe dans le monde de la propriété privée, de l'acquisition et de la possession des biens, des richesses et des capitaux, c'est au contraire l'esprit communautaire qui, sur la route, guide et anime tous les gestes ; la route, c'est les copains, rencontrés au gré de circonstances ou rejoints quelque part où ils vivent en attendant de repartir. C'est aussi l'amitié, ce lien mystique qui unit deux ou plusieurs êtres dans leurs accords ou désaccords et leur rend la vie terrestre supportable.

Comme une sorte de leitmotiv ou de refrain, l'idée qu'il est temps de se remettre en route revient tout au long de *Sur la route*, sous une forme ou une autre : « En un rien de temps, on fut de nouveau sur la grand-route... » (285) ; « Il était temps de nous remettre en route » (300) ; « Mais il me fallait me mettre en route... » (27). Partir, toujours partir. « La chose la plus importante est que vous êtes en mouvement », remarque un critique[7]. À peine le temps de défaire ses bagages, il faut déjà reprendre la position de l'auto-stoppeur ou remonter dans une vieille bagnole et caramboler à travers l'immense pays. Dean, son compagnon de voyage, s'exprime ainsi : « Ce n'est pas un homme celui qui ne galope pas [...]. Je vais te dire, Sal, carrément, peu importe où j'habite, ma valoche dépasse toujours par-dessous le lit, je suis prêt à partir ou à me faire vibrer » (*Sur la route*, 312).

Ainsi définie, cette passion du départ n'est pas un activisme sans but, une frénésie délirante, une excitation et un déchaînement, mais bien plutôt une manière de mieux vivre ou de vivre plus intensément. Dans *Sur la route*, Dean (Neal Cassady) explique à Sal (Jack Kerouac) : « Quelle est ta route, mon pote ? C'est la route du saint, la route du fou, la route d'arc-en-ciel, la route idiote, n'importe quelle route » (*Sur la route*, 311). Après quoi Sal le narrateur voit son compagnon et lui dans une sorte d'extase joyeuse et sensuelle : « Nous avons le sens du temps, la façon de ralentir et d'arpenter, et de savourer, et de se contenter des voluptés du nègre antique... » (*ibid.*, 312). La grande aventure épique de ces héros modernes est une quête de liberté en même temps que celle des vastes espaces, une possibilité d'être libre afin d'être soi-même.

Même s'ils vivent dans et pour le présent, ils n'oublient pas pour autant la fin du voyage, le terme de l'aventure. L'expérience les a rendus d'ailleurs plus réalistes que ceux qui sont engagés dans les rouages de la vie de tous les jours. C'est toujours Dean qui donne la leçon : « Tu vois, mon pote, on vieillit et les ennuis s'accumulent. Un jour, toi et moi, on sera en train de déambuler dans une ruelle, tous les deux, au coucher du soleil, et de fouiller les poubelles. » Mais cette fin de la vie de vieux clochards n'est que la conséquence d'une acceptation fondamentale : « Tu passes toute une vie sans t'occuper de ce que veulent les autres, y compris les politiciens et les richards, et personne ne se soucie de toi et tu défiles et tu frayes ta propre route » (*Sur la route*, 311). Ainsi, toujours, s'agit-il de faire son chemin, matériellement et spirituellement. Cette route, « c'est la route de n'importe où pour n'importe qui n'importe comment » (*ibid.*). Ces mots montrent une fois de plus que pour ces beatniks, la vie est en rupture avec les exigences de la société de leur temps. Liberté, liberté chérie... S'il y a « les mystères de la route », auxquels commence à s'initier le narrateur au début de *Sur la route* (16), ils tendent à se dissiper à la fin du récit.

Car il s'agit bien, les critiques l'ont souligné, d'une protestation contre la société de consommation. Kerouac parle de ses amis comme de gens qui adoptent un certain comportement nouveau, une attitude qu'il ne peut décrire que comme novatrice[8], voire scandaleuse. Aussi *Sur la route* est-il devenu le symbole de cet univers qui prend le contre-pied des façons de faire et d'agir de la masse. Le voyageur et le vagabond, dans l'œuvre de Kerouac, ont ce pouvoir d'exorciser la société étatsunienne, civile et juridique, en lui renvoyant sa propre image, sans fard, sans apprêt. Ce que l'écrivain exhibe à travers l'expérience de la route est en grande partie les grâces, les beautés, les grandeurs de la vie que les hommes ont perdues ou éliminées de leur existence : « une innocence opiniâtre, un idéalisme, le respect de la famille, l'amour des amis, et une sorte de nostalgie romantique[9] ».

Le thème du vagabond, ou du clochard, comme héros culturel, prend donc une importance capitale dans l'œuvre de Kerouac. À la fin du *Vagabond solitaire*, il développe le portrait du « hobo », où il tente de sauver ce personnage idéal d'une disparition presque certaine. Ce qui menace le clochard, c'est l'incroyable oppression de la police qui s'acharne sur sa personne, sur celui qui n'a pas de vêtements propres, allant à pied et couchant à la belle étoile.

> En Amérique, le camping est considéré comme un sport sain pour les boy-scouts mais comme un crime quand il est pratiqué par des adultes qui en ont fait leur vocation. – La pauvreté est considérée comme une vertu chez les moines des nations civilisées – en Amérique, vous passez une nuit au violon si l'on vous prend à ne pas avoir sur vous une certaine somme […] (*Le vagabond solitaire*, 237).

Il s'en prend alors aux actions des shérifs qui, « n'ayant rien à faire au milieu de la nuit, à l'heure où tout le monde dort […] appréhendent le premier être humain qu'ils voient passer ; ils ne savent qu'arrêter tout ce monde qui bouge, de nuit comme de jour, tout ce qui paraît se mouvoir sans utiliser l'essence, la vapeur, l'armée ou la police » (*ibid.*, 246).

Autrefois, le vagabond qui traversait le village était entouré par les enfants qui dansaient autour de lui. « Mais aujourd'hui, les mères serrent leurs enfants contre elles quand le vagabond traverse la ville à cause de ce que les journaux ont dit de lui : il viole, il étrangle ; il mange les enfants » (*ibid.*, 238). Et pourtant, « le vagabond fait partie du monde de l'enfant (comme dans la célèbre toile de Bruegel représentant un énorme vagabond qui traverse solennellement le village pimpant et propret, les chiens aboient sur son passage, les enfants rient, saperlipopette [...]) » (*ibid.*, 238). Kerouac fait alors une constatation qui donne la clef de toute son œuvre et en particulier de cette passion du voyage :

> Mais aujourd'hui, notre monde est un monde d'adultes, ce n'est plus un monde d'enfants. Aujourd'hui, on oblige le vagabond à s'esquiver – tout le monde admire les prouesses des policiers héroïques à la télévision (*ibid.*).

Chez Kerouac cependant, le thème a une valeur romantique et allégorique, plus que politique et civique. L'argument, tiré du clochard parisien ou londonien, du tableau de Bruegel, de l'exemple de grands écrivains (Virgile, Dante, Benjamin Franklin, John Muir, Walt Whitman et d'autres, *Le vagabond solitaire*, 238-239), montre assez l'idéalisme profond de l'auteur. Son but n'est pas vraiment de réformer la société ou de changer ses structures, mais de montrer combien sa génération n'a plus foi en elle et recherche ailleurs d'autres valeurs morales et sociétales. Dans un âge de désillusion ou de pessimisme, une des solutions est de tout rejeter et de recommencer à zéro. « Pour imaginer une cité nouvelle, nous devons en effet effacer le moindre souvenir du temps passé », écrit Dos Passos[10].

Chapitre 2

La retraite et la solitude

> *Dans la solitude de ma vie [...] mon cœur s'est brisé dans le désespoir universel. Il s'est ouvert intérieurement au Seigneur [...]*
>
> (Visions de Cody, 504)

> *[...] ma vie était quête de la paix mais pas seulement en tant qu'artiste : en tant qu'homme de contemplation [...]*
>
> (Les anges vagabonds, 9)

> *Plutôt mort que célèbre*
> *Je veux aller vivre dans l'désert*
>
> (Mexico City Blues, 80)

Dans presque chacun des livres de Kerouac, il est question, à un moment ou à un autre, de retraite, de repos, de solitude, de méditation et de contemplation. Car la littérature *beat*, qu'on a jugée comme l'apologie du mouvement vain, de la course folle, du surmenage physique et intellectuel, de l'agitation sans motif et sans but, a pourtant aussi cette particularité d'être une littérature de la retraite spirituelle, du retrait du monde, du plein épanouissement de la personne. Les deux faces d'une même pièce, l'envers et l'endroit, pour reprendre le titre d'un livre de Camus. Sans doute *Sur la route* laissait-il au lecteur l'impression d'une course effrénée, de l'énervement, de l'action pour l'action. Les héros ne s'arrêtent jamais, courent sans cesse. On peut même penser que tous ces transbordements par des moyens de fortune, auto-stop, voitures branlantes d'un autre âge, trains de marchandises, sont voulus pour donner l'idée exacte de la vie agitée qui serait celle de la Beat Generation. Dans cet univers, les hommes ne feraient que tourner en rond, revenant toujours au même point, pour ne pas dire au point de départ. À juste titre, on a parlé d'une forme nouvelle de bohème[1] qu'on retrouvait déjà dans les œuvres de Jack London et John Dos Passos[2]. Dans l'esprit de Kerouac, la route et ses aventures abolissent la *respectabilité* qui était le signe de la mort spirituelle aux États-Unis. Pour démontrer qu'ils possédaient au plus haut point cette fureur ou cette maladie, pour rendre plus intense cette émotion, les héros, tel Dean Moriarty, avalent des kilomètres de route, comme s'il s'agissait d'une espèce de drogue ou d'un remède, d'une purgation.

Mais cette frénésie du voyage n'empêche nullement la contemplation ; elle peut même la favoriser.

> Longues étapes vrombissantes d'un bout à l'autre d'un État... Dans ces randonnées, quand je sors du sommeil, c'est toujours avec le sentiment d'être conduit au ciel par le Chauffeur Céleste, quel qu'il soit. Une personne qui pilote la voiture tandis que les autres rêvent, ayant remis leur vie dans sa main ferme, ça a quelque chose d'étrange.

Quelque chose de noble qui remonte au passé de l'humanité, quelque chose de l'antique confiance que l'on voue au Bon Patriarche (*Les anges vagabonds*, 68).

Ainsi la légende du « beatnik agité » est en partie détruite, comme l'est aussi celle des « souterrains », ces êtres uniquement occupés à passer d'un bar à un autre, ou à se griser de vitesse la nuit dans les rues de New York ou de San Francisco. Kerouac en donne un portrait un peu différent :

> Ils sont au poil sans être crâneurs, ils sont intelligents sans être casse-pieds, ils sont drôlement intellectuels et savent tout ce qu'on peut savoir sur Pound sans la ramener ou ne parler que de ça, ils sont très taciturnes, ils ont quelque chose qui fait penser au Christ (*Les souterrains*, p. 7-8).

Ces « Rimbauds et Verlaines d'Amérique » (*ibid.*, 67) sont pour la plupart de vrais poètes et, de ce fait, ils connaissent la primauté de la vie intérieure sur les ténèbres ou les fausses lueurs de la vie extérieure et de l'action. Aussi, même dans un livre comme *Sur la route*, il ne se passe pratiquement rien, on ne pense à rien, on n'agit pas, on ne bouge que pour se tenir tranquille afin de rentrer en soi. Tout semble ordonné vers l'arrêt final.

Malgré les sollicitations et les plaisirs que prodigue la société (« comme les spectacles, le sexe, les attributs du confort, les nourritures et les boissons fines » (*Les anges vagabonds*, 9), Kerouac n'a jamais voulu, comme il le dit, que « retrouver dans le monde cette paix absolue », que seule peut donner l'expérience de la solitude. « Je savais à présent que, en tant qu'artiste, ma vie était une quête de la paix mais pas seulement en tant qu'artiste ; en tant qu'homme de contemplation et non homme de trop d'actions, au sens ancien du *non-faire*[3] du Tao chinois (Wu Wei)... » (*ibid.*, 9). Sa mère lui avait légué une spiritualité pratique : « Il n'y a que la tranquillité qui compte. Cesse de te tracasser pour ci et pour ça. Fais-toi un asile de ce monde et le Ciel suivra » (*ibid.*, 212). Il traduira ce message ainsi : « C'est si facile dans les bois, de rêver, d'invoquer les esprits locaux et de dire : Permettez-moi de rester ici, je ne veux que la paix » (*Big Sur*, 32).

À ce propos, il est bon de souligner deux tendances dans la composante spirituelle ou mystique de la Beat Generation, tournée vers les valeurs individuelles : la liberté intellectuelle et la diversité culturelle. L'une, que représente surtout Burroughs, est basée sur un monde viscéral, usant de drogues et même de la criminalité pour marquer ses différences ; l'autre, sur une sorte d'optimisme et de renouveau spirituel, dont Kerouac et Ginsberg sont les représentants. Toutefois, comme l'explique John Lardas, malgré cette sorte d'opposition à l'intérieur du mouvement, tous cherchent à atteindre un langage hors des structures admises, un langage incontrôlé, qui puisse exprimer leur vision utopique, Burroughs à travers l'intériorité et un langage issu de la consommation d'héroïne, Kerouac et Ginsberg à travers la confession et le sens de la communauté[5]. Cette opposition renvoie à celle de Spengler qui se trouve au fondement de l'ouvrage de Lardas et conduit à deux poétiques, de l'utopie et de la dystopie.

Dans l'œuvre de Kerouac, la montagne est le symbole de l'ascension vers les régions éthérées de l'âme. Elle est un peu ce que l'azur et les espaces infinis sont à

Baudelaire dans « Élévation » et « L'albatros ». L'unité du symbole n'est guère respectée chez Kerouac qui, sollicité par la mystique chrétienne et la spiritualité orientale, mélange les allégories, faisant flèche de tout bois. Mais l'intuition fondamentale reste cohérente et correspond à une démarche de l'âme véridique : une fois le calme obtenu ou conquis commence la vraie aventure, la rentrée en soi, au plus profond de son être. Que cet exercice s'appelle *Satori* ou Éveil, ou encore ascétisme préparant à la méditation, il est toujours à la fois action et passion. L'homme agit et subit les effets d'un autre qui s'appelle Dieu ou l'Être. Au départ, c'est un retrait du monde, une retraite volontaire préparant à l'impulsion de la vie intérieure. Deux appels que le début de *Big Sur* décrit, l'un vers le monde, l'autre vers l'intérieur du Moi. Une voix, celle de la conscience, revient sans cesse orienter vers la réponse à donner au second appel : « Réagis vite, sinon tu es fichu » ; « Assez. Dépêche-toi, ou tu es fichu » (*Big Sur*, 12, 13, 15). La retraite se fait quand il quitte ses amis et les plaisirs de la ville et qu'il va s'enfermer dans la hutte de Monsanto.

La condition première est de se trouver seul avec soi, même si l'on continue de voyager, d'adresser la parole aux autres. L'important est de penser, d'observer, « de rester concentré sur le fait que [...] l'entière surface de ce monde telle que nous la connaissons maintenant sera peu à peu recouverte du limon d'un milliard d'années... Oui, une plus grande solitude est donc nécessaire » (*ibid.*, 33). L'isolement volontaire apporte alors ses premiers résultats :

« En effet quel moment merveilleux, ce début du premier après-midi où je reste seul dans la cabane ; je fais mon premier repas, ma première vaisselle, une petite sieste, et je me réveille pour percevoir le son délicieux du silence, du Paradis, le gargouillement de la rivière. Et alors vous dites : JE SUIS SEUL et la cabane devient soudain un foyer [...] » (*ibid.*, 28).

La solitude engendre ainsi un émerveillement continuel. Les objets familiers se métamorphosent ; les gestes insignifiants prennent soudain de l'importance, comme faire cuire son propre pain, se rouler des cigarettes, faire usage de « petits objets bon marché comme la toile d'émeri » (*ibid.*, 44). « Le bonheur total [est] fait de petites joies de ce genre. » (*ibid.*, 45-46).

Tout au long du chemin le conduisant au « désert », Kerouac doit, comme dans la montée spirituelle, franchir des barrières, faire face aux doutes qui naissent, marcher dans les ténèbres, sur un chemin inconnu :

[...] horreur tourmentée et rugissante de la nuit [...]. Je gravis péniblement le chemin, je m'éloigne encore du rugissement de la mer. Je commence à me rassurer mais soudain j'aperçois sur la route quelque chose qui me fait peur [...]. Que se passe-t-il donc ? Suis la route, dit l'autre voix, qui s'efforce de rester calme (*ibid.*, 17).

Il n'empêche que le trouble grandit à mesure qu'il avance. Le paysage a quelque chose de sinistre : « hurlements, rugissements, fougères horribles », « bûches visqueuses », « vapeurs froides et moites ». Pourtant, malgré la peur de ce qu'il pressent arriver, il poursuit son chemin.

[...] tout n'est plus que le danger [...]. J'ai peur de descendre là-dedans, peur comme si un fouet, un fouet mouillé par-dessus le marché, allait s'abattre sur ma peau. Un dragon vert et visqueux fait du tapage dans les broussailles. C'est une guerre furieuse qui ne veut pas que je vienne mettre mon grain de sel (*ibid.*, 18-19).

Éclairé par sa petite lampe de poche, il continue, comme il le dit, « de suivre ce merveilleux chemin sableux qui plonge, plonge vers le carnage croissant... ». Puis, à la toute fin, s'ouvre le Paradis, ou du moins se manifeste la première consolation dans cette avancée spirituelle :

> Et maintenant, devant moi, une prairie de rêve avec la bonne vieille barrière de corail [...]. C'est là le terme de mon voyage. Enfin ! [...] me voilà qui enfile un joli petit sentier sablonneux, à travers une bruyère sèche et odorante, comme si, surgissant de l'enfer, je pénétrais dans un vieux Paradis terrestre familier, mais oui, et je rends grâce à Dieu (*ibid.*, 19).

À la fin, c'est l'illumination : « Vous vous réveillez en fin de matinée, frais et dispos, et, confusément, vous comprenez l'univers, l'univers est un ange » (*ibid.*, 30).

Arrive alors ce moment tant attendu de l'enrichissement spirituel : la connaissance de soi et des autres, la découverte des vérités premières sur la vie, l'existence, la souffrance et la mort. Cela s'appelle le « don du réveil » et fait approfondir le sens de l'expérience humaine. Les éléments de la nature s'associent à sa démarche pour exprimer les vérités essentielles.

> Les hommes disent : « Nous sommes des hommes, nous arrachons les souches d'arbre, nous faisons des sacs en papier, nous avons de sages pensées, nous préparons le déjeuner, nous regardons autour de nous, nous faisons un

gros effort pour nous apercevoir que tout est semblable »
(*ibid.*, 48).

Cette similitude dans la vie des éléments et des hommes se retrouve aussi dans leur destin, leur mortalité. Le solitaire apprend que sa condition est celle d'un éternel malade, un « mort en puissance » (*ibid.*, 53), et que cela vaut pour lui comme pour tous les autres. Il réalise sa condition d'homme faible, dépourvu, abattu, dépouillé. Arrive alors le tentateur qui s'approprie les paroles et la pensée mêmes de Dieu : puisque la vie est un chemin vers le Paradis, pourquoi ne pas profiter des plaisirs qu'offre la route ? « Tel fut le premier signe avant-coureur de la secousse qui allait m'ébranler » (*ibid.*, 54). Il quitte sa Thébaïde. « Je pars [...] de ma douce retraite, sac au dos, après trois semaines de séjour, [...] talonné par le désir de revoir la ville » (*ibid.*, 56). Et comme pour souligner le caractère spirituel de cette fuite, de cette défaite, Kerouac cite l'auteur de *L'imitation de Jésus-Christ* : « Vous partez dans la joie et vous revenez dans la tristesse, disait Thomas a Kempis à propos de ces idiots qui volent vers le plaisir comme des collégiens le samedi soir [...] » (*ibid.*, 56). Le monde, ici la ville, reprend ses droits, ramène à ses folies et capture à nouveau celui qui, un moment, l'avait quitté pour une autre rencontre.

Mais l'appel de la solitude et de la retraite se fait encore entendre, cette fois chez le « vagabond solitaire » qui, un moment, ne voulait « qu'une chose, [s']allonger dans l'herbe et regarder les nuages ». Il s'en remet aux Écritures qui disent : « La sagesse ne peut être atteinte que du point de vue de la solitude » (*Le vagabond solitaire*, 165). En réponse, Kerouac s'engage comme guetteur forestier dans les Hautes Cascades du Grand Nord-Ouest. Le récit de ces trois semaines passées dans la solitude au sommet du mont Baker se présente également comme l'aventure spirituelle d'un humain. La montée à ce Pic de la Désolation, « ma montagne à moi, une montagne que je garderai toute ma vie » (*Le vagabond solitaire*, 171), est à nouveau une image du détachement de soi, du dépouillement de l'être, qui amène à s'engager dans une voie difficile, exigeant du courage, un certain cran. Il faut d'abord vaincre la peur qu'engendrent les bruits qui courent sur les lieux que le solitaire s'apprête à habiter. On lui dit qu'il changera bien vite d'idée au bout d'une seule semaine, même s'il ne le croit pas.

> J'envisageais avec plaisir la perspective d'une existence que les hommes connaissent rarement dans ce monde moderne ; une solitude complète et confortable dans un désert, jour et nuit, soixante-trois jours et soixante-trois nuits, pour être précis (*ibid.*, 170).

Avec l'ascension commencent pour le marcheur les difficultés et les obstacles. La piste abrupte est bordée d'arbustes touffus qui l'aspergent d'eau et trempent ses épaules. Les galets ronds de la route font glisser l'homme et ses bêtes. La nature civilisée disparaît et les rigueurs du climat sauvage, froid et brumeux, apparaissent. « Les alpages disparurent à leur tour, nous atteignîmes les grands arbres, et soudain un vent violent nous gifla le visage et le cribla de longs dards de neige fondue » (*ibid.*, 173). Puis c'est l'arrivée au domaine abandonné, misérable, humide et sale, une petite cabane au toit pointu et aux contours indistincts dressée toute seule au sommet du monde. « La gorge serrée par la frayeur, je dis : C'est là que je vais rester tout l'été ? Et *c'est cela* l'été » (*ibid.*, 173).

Comme dans *Big Sur*, après une nuit d'effroi, c'est le réveil dans un nouveau Paradis.

> [...] le lendemain matin, le dimanche 6 juillet, ma surprise et ma joie ne connurent plus de bornes quand je vis un ciel bleu et ensoleillé et là-bas, en dessous, comme un océan de neige pur et radieux, les nuages, qui, telle une couche de guimauve, recouvraient le monde entier et le lac tout entier, pendant que j'étais, moi, aux chauds rayons du soleil, au milieu de pics enneigés qui se dressaient sur des centaines de kilomètres à l'entour (*ibid.*, 175).

Cet univers de beauté et de silence est la préparation à la réflexion et à la méditation. La solitude apparaît de nouveau comme le plus précieux des biens que l'homme puisse désirer. Aucun ne devrait achever sa vie sans avoir connu une fois cette retraite dans un endroit désertique où l'on ne dépend que de soi, où l'on apprend à connaître sa force véritable et cachée. La même démarche se répète : la Nature aide à pénétrer en soi-même, avec ses spectacles sans cesse changeants : « couchers de soleil déchaînés et farouches », « matins froids avec les nuages qui se déversent vers la Gorge de l'Éclair », « rafales de vent qui secouent la maison », « neige balayée », « arc-en-ciel rose-vert », tout cela « vous donne envie de prier » (*ibid.*, 180). La contemplation des changements de la nature conduit à l'illumination. De nouveau, comme toujours chez Kerouac, les mystiques chrétienne et orientale se chevauchent, s'entremêlent, le nirvana de l'hindouisme ou du bouddhisme et le « Dieu du Ciel qui est notre Père ».

Oui, essayer d'atteindre le nirvana, quand vous y êtes déjà, d'atteindre le sommet d'une montagne, quand vous y êtes déjà, pour n'avoir qu'à rester – rester ainsi dans la béatitude du nirvana, c'est tout ce que j'ai à faire [...] aucun effort, pas de chemin à suivre vraiment, pas de discipline ; il suffit de savoir que tout est vide et éveillé [...] (*Le vagabond solitaire*, 184-185).

Les clochards célestes décrivent dans une forme plus didactique une expérience identique. Ici, c'est la spiritualité orientale qui prend le pas sur l'autre. L'ouvrage appartient d'ailleurs à la période de « fanatisme zen » de la Beat Generation, comme le dit Kerouac. Il s'agit d'une recherche de la Vérité, des virtualités de l'âme, en communion avec la Nature. Dans la plus complète solitude, le narrateur, Ray Smith, seul dans la campagne de la Caroline du Nord, est un voyageur qui, pour bien suivre sa route, a besoin d'être comme Bouddha, en plein Éveil. Il lui faut changer de mode de vie, ne plus être distrait par ses soucis quotidiens, par ses occupations journalières. C'est ainsi qu'il en vient à ne plus voir les objets ou à les regarder sans les voir. Il perd ainsi la leçon des choses que contient et qu'offre la Nature au profit d'un autre enseignement. Robert Linssen explique ainsi la métaphore de Bouddha en comparant la prise de conscience à une flamme.

> Si nous regardons distraitement la flamme d'une bougie située dans une pièce à l'abri de tout courant d'air, nous aurons de prime abord une impression d'immobilité. Nous savons cependant que rien n'est immobile au cœur de cette flamme. L'apparence nettement définie de ses contours est une sorte de piège. Cette flamme se recrée d'instant en instant. Au cours de son flux apparemment continu, elle s'alimente à des milliards de molécules de stéarine qui

fondent et se consument en se combinant à l'oxygène de l'air. Ainsi se crée et s'entretient continuellement la chaleur de la flamme[6].

Les clochards célestes, Japhy (Gary Snyder), Ray (Jack Kerouac) et les autres, qui vont encore, comme dans *Sur la route*, d'ouest en est et vice-versa, partent de la ville qui les dégoûte pour aller gravir les montagnes, atteindre les sommets. Toujours la même image de l'ascension qui rappelle celle des mystiques. Le narrateur, à un de ces moments critiques où le découragement s'empare de lui, se rappelle « le fameux axiome zen : Quand tu parviendras au sommet de la montagne, continue à monter » (*Les clochards célestes*, 82). Lorsqu'il a lu ces mots dans son salon, il les avait trouvés beaux. Mais au moment où il gravit la montagne avec ses deux compagnons, ses « cheveux se dressent sur [sa] tête ». Des trois grimpeurs, le narrateur (Kerouac) explique le karma de chacun :

> Japhy Rider parvient triomphant au sommet de la montagne ; il a gagné. Moi j'y suis presque arrivé pour abandonner et me cacher sur ce maudit rocher. Mais le plus malin des trois, c'est ce poète des poètes[7], étendu à plat dos, les genoux croisés haut vers le ciel, mâchonnant une fleur et rêvant au bruit des vagues sur une plage (*ibid.*, 83).

La méditation consiste à vider l'esprit de toutes les choses qu'il a élaborées ; dans le cas de ces trois personnages, elle consiste à se libérer de défis physiques, de la volonté de gagner ou d'être supérieur aux autres, de vaincre à tout prix les difficultés. L'orgueil du premier, la témérité du deuxième, ne sont rien comparés à la méditation tranquille du troisième qui les dépasse dans cette quête des sommets de l'être et de l'âme.

Comme l'écrit Krishnamurti, « la méditation est essentielle dans la vie, dans notre existence quotidienne, au même titre que la beauté. La perception de la beauté, la sensibilité aux choses, laides ou belles, sont essentielles – voir un bel arbre, contempler le magnifique ciel du soir, voir le vaste horizon où s'amassent les nuages au coucher du soleil. Tout cela est également nécessaire : la perception de la beauté comme la compréhension du processus de la méditation, car c'est tout cela la vie [...][7] ».

Ainsi, le divorce entre l'action et la contemplation fait désormais place à la réconciliation. La leçon du zen est que l'une serve l'autre, d'agir afin de pouvoir sentir et découvrir où est l'essentiel. Après quoi la réalité matérielle prend une autre dimension aux yeux du narrateur.

> Pourquoi Japhy s'emporte-t-il tellement contre les éviers d'émail blanc et tout ce *machinisme ménager* comme il l'appelle ? Les gens peuvent avoir un cœur pur sans vivre pour autant comme des clochards célestes. L'essence du bouddhisme c'est la bonté à l'égard du prochain (*Les clochards célestes*, 130).

Ce message est aussi chrétien. La spiritualité zen, si familière à Kerouac, est une prise de conscience du monde ambiant et de la nécessité du respect des autres. La retraite au sommet de la montagne n'est pas une fuite, une évasion, mais un retour à la Nature et au réel. Elle rend surtout possible la découverte du sens et de la signification des choses et des êtres. Le bouddhisme comme le christianisme servent d'instruments privilégiés, sinon de médiums, pour atteindre cette hauteur de perception. Ils transforment l'homme qui se soumet à leur discipline, ils l'amènent à vivre pleinement et à ne pas gaspiller le meilleur de la vie en distractions inutiles.

Cette philosophie de l'existence a souvent été, non sans raison, assimilée à une critique sociale. Elle rejoignait sûrement les préoccupations profondes de la Beat Generation. À ce propos, le titre anglais des *Clochards célestes*, *The Dharma Bums*, est significatif : « Dharma », qui peut être traduit en français par les termes « Loi, Ordre, Devoir » dans des acceptions spirituelles, renvoie à la vérité et à la réalité bouddhistes ; le Vide ou l'Éveil, et *Bums*, qui désigne d'abord et avant tout les clochards américains contemporains, renvoie lui aussi par extension sémantique aux philosophes mendiants de l'ancienne Chine et à leur incarnation contemporaine. Tous cherchent à atteindre le Dharma, par des voies différentes. Mais en même temps ils participent d'une révolte contre les valeurs de la classe moyenne et de la société industrielle que les écrivains de San Francisco ont dénoncées. Kerouac ne s'est pas donné cette vocation ou cette mission. Il se voulait d'abord et avant tout écrivain, fabriquant des récits qui trouvent dans les réalités humaines, les siennes d'abord, leur matière et leur esprit.

Comme ses comparses, Kerouac a souvent été l'objet de harcèlement par la police qui, la nuit, braquait leurs phares sur eux. Sans se sentir victimes, à cause de leur train de vie, de leurs jeans ou de leurs vêtements de travail et de leur sac à dos sur les épaules, ils déploraient cette attitude des forces de l'ordre à leur endroit. La même question est posée par les médias et par les shérifs : « Où allez-vous ? » Kerouac répond la même chose sous les projecteurs de la télévision ou ceux des gendarmes : « Je vais chercher la paix », précisant : « On ne peut pas plus expliquer ça à la police qu'à la société » (*Les anges vagabonds*, 12). Et d'ailleurs, en fin de compte, est-il vraiment nécessaire que le message soit transmis et reçu ? Peu importe pour lui les effets de l'œuvre d'art ou de la littérature, « des récits dans mon cas [...] de ce que j'ai vu et de la manière dont je l'avais vu » (*ibid.*, 101). L'auteur parle d'abord et avant tout à lui-même, pour s'éclairer au milieu de sa route. Heureux est-il, si ce qui l'a aidé peut être d'une certaine utilité à d'autres ! L'important reste cette disponibilité, cette possibilité d'émerveillement et d'Éveil, qui permettent de saisir « l'unité profonde des dix mille choses », ainsi qu'il est dit dans la mystique bouddhique. S'il s'affranchit pour un instant des valeurs consacrées par sa société, le disciple ne rejette pas pour autant sa condition d'homme ; il ne fuit pas les réalités, il les intègre dans un grand Tout et leur confère une unité que le zen appelle le « Mental cosmique[8] ». Ce que Kerouac a voulu magnifier dans la pensée et l'expérience bouddhiques, et qui semblait convenir à son tempérament, c'est cette attitude de « vieux réfractaire assoiffé d'indépendance » (*Les anges vagabonds*, 12). « La meilleure définition du *beat*, écrit-il, est celle qui vient du sens originel du mot : Occupe-toi de tes oignons » (*ibid.*, 154). Mais elle renvoie d'abord et avant tout au battement de la musique jazz et s'associe par là au rythme de l'instrument.

Kerouac a bien compris que Bouddha ne désigne pas une personne mais un état. Le terme signifie : Éveillé, comme il le dit souvent, c'est-à-dire délivré de l'ignorance et d'une distraction fondamentale. Cet éveil est à la portée des êtres humains à la condition qu'ils y consacrent toute leur attention. Kerouac a pour ainsi dire prêché cette disponibilité d'âme, cette réceptivité intérieure. C'est pourquoi il a si souvent écrit sur ces sujets, même au risque de passer pour un attardé. Parler du silence et de la solitude dans le monde d'alors et d'aujourd'hui constitue un risque, celui de se faire vilipender, voire huer. Kerouac avait assez de candeur et d'innocence pour ignorer ce danger. Il avait surtout foi en cette rhétorique nouvelle, Éveil, Vide, *Satori*, Nirvana, qui mettait en valeur des dispositions d'âme qu'il connaissait bien, une vision irrationnelle et intuitive du monde capable d'insuffler le désir de « retourner chez soi », au-dedans de soi. Cet état de contemplation, encore voisin du Tao chinois, « est en soi un mode d'existence plus beau qu'aucun autre, une sorte de ferveur monacale au milieu de la frénésie des va-de-la-gueule amoureux de l'action dont grouille le monde *moderne*, celui-ci ou un autre » (*Les anges vagabonds*, 22). Son ami George lui a débité (ou récité) « jusqu'à six heures du matin » toute la philosophie du bouddhisme.

> [...] et pour terminer George m'énonça impeccablement la loi des Douze Nirvanas selon laquelle Bouddha démantelait avec une logique rigoureuse toute création et dévoilait, sous l'arbre Bo, qu'elle n'était rien d'autre qu'une chaîne d'illusions (*Big Sur*, 94).

Comme son aîné, Henry Miller, Kerouac a reçu une influence décisive des enseignements du taoïsme et du zen. « Je voudrais être, déclare-t-il, un homme du Tao qui observe les nuages et laisse l'Histoire faire rage au-dessous » (*Les anges vagabonds*, 11).

Chapitre 3

Le héros de la nuit américaine

> […] la *Nuit Américaine.*
>
> (Sur la route, 14)

> *Ô triste nuit d'Amérique*
>
> (Sur la route, 333)

> […] *j'ai fui ma maison pour devenir le grand héros de la nuit américaine* […]
>
> (Le vagabond solitaire, 30)

L'Amérique que Kerouac a vue et décrite est au sens propre et au sens figuré le domaine de la nuit. Dans une de ses *Oraisons funèbres*, Bossuet s'exclamait : « Ô nuit désastreuse », lors de la mort d'Henriette d'Angleterre ; Kerouac, lui, écrit : « Ô triste nuit d'Amérique », au moment où les voyageurs de *Sur la route* se racontent leurs histoires de vie qui ont quelque chose de fébrile et de funèbre à la fois. Personne ne veut mourir, mais l'appréhension de la fin rend « le monde inimaginablement lugubre » (*Les anges vagabonds*, 45). En particulier ce monde moderne, avec ce bruit des moteurs qui donne une sonorité particulière à la nuit :

Les Gros Engins
Dans la nuit
Le Diesel sur le Col
L'Avion dans la nuit Pan-Américaine
(*Mexico City Blues*, 162)

C'est aussi la nuit des *Souterrains*, ces clochards qui habitent Times Square à New York, Mexico City, San Francisco, Denver, New Orleans et d'autres cités d'Amérique. Là aussi se rencontrent des criminels gentils, habillés en Jésus-Christ, des prostituées, une foule d'écrivains plus ou moins célèbres, et de véritables vagabonds en instance de départ ou récemment arrivés de voyage, tous à la recherche d'un Paradis, perdu ou retrouvé. Le lecteur de Kerouac est toujours plongé dans la nuit, ce moment idéal pour ressusciter les fantômes de l'enfant ou dévoiler les angoisses de l'âge mûr. La nuit de Lowell, pour sa part, à la fois maléfique et sereine, grouille d'êtres que l'auteur décrit en termes concrets.

> Le mystère de la nuit de Lowell s'étend jusqu'au cœur de la cité, il se tapit dans l'ombre des murs de brique rouge. Quelque chose dans les vieilles archives de l'Hôtel de ville, un livre vieux, vieux, dans les classeurs de la bibliothèque, avec des empreintes d'Indiens, un rire sans nom près des puretés de la vague de brume au bord de la rivière, en plein cœur de mars ou d'avril, et les vents des nuits d'hiver sous le pont de Moody [...] (*Docteur Sax*, 130).

Dans les souterrains de San Francisco, de New York ou de Mexico, c'est aussi le domaine de la nuit. Tout ce qui y arrive d'important se produit entre la tombée de la nuit et le petit matin : bavardages sans fin, blagues énormes, beuveries épiques, scènes d'amour, discussions métaphysiques. Une de ces nuits typiques à Times

Square et Greenwich Village est racontée dans *Le vagabond solitaire*. C'était dans les premiers temps de la Beat Generation :

> À Times Square il y a toute une population flottante [...]. Aux premiers temps de la « beat » *generation*, des poètes y venaient rencontrer le « fameux Hunkey » qui allait et venait, enveloppé dans un imperméable noir trop grand, le fume-cigarette au bec, et qui cherchait quelqu'un à qui donner quelque chose en gage [...], pour se faire un peu d'oseille afin de pouvoir aller en banlieue se quereller avec la police ou avec l'un ou l'autre de ses amis (*Le vagabond solitaire*, 156).

Commentant ce passage, Kerouac écrit : « Les beatniks affirment que si vous y venez passer toutes vos nuits, vous pourrez débuter toute une Saison Dostoïevski à Times Square [...] » (*ibid.*, 157).

Dean Moriarty, le personnage principal de *Sur la route*, représente ce type de héros américain moderne. Sa vie se déroule selon ce rythme : un tiers dans les salles de jeux, un tiers en prison et l'autre tiers dans les bibliothèques publiques (13). « Fringueur génial » (14), « loufoque surexcité » (13), « il est avide de pain et d'amour » (17) ; il a fait toutes les expériences avec frénésie : manger de manière gargantuesque, faire l'amour jusqu'à l'épuisement, conduire une auto à une vitesse excessive, écouter du jazz sans fin, fumer de la marijuana. « Dean possédait la furieuse énergie d'une nouvelle espèce américaine de saint » (53). À la fin du roman, il a eu trois femmes, quatre enfants, il a divorcé deux fois et vit avec la seconde de ses femmes. En résumé, il incarne les traits caractéristiques du héros de Kerouac : la liberté et l'indépendance.

Ce nouveau type d'Américain est issu de l'Amérique des années 1950. La guerre qui s'est terminée – non les combats européens mais leurs effets – a engendré une sorte de confusion dans les esprits et fait sombrer certaines valeurs jusque-là communément admises. Dans *Avant la route*, la famille Martin vit des expériences insolites, consécutives à la guerre et aux efforts militaires des États-Unis dans ce conflit. *Mutatis mutandis*, on pourrait y voir une reprise ou un prolongement de *Bonheur d'occasion*, de Gabrielle Roy. La génération québécoise d'alors n'avait pas le caractère de la Beat Generation, mais elle avait aussi vécu la dépression économique (Kerouac avait huit ans en 1929) et plusieurs avaient combattu en Europe. Les jeunes intellectuels américains d'alors connaissaient les positions de leurs idoles, Sartre, Camus en particulier et Genet plus tard, qui se débattaient avec l'absurde et cherchaient des solutions dans l'existentialisme ou un humanisme renouvelé. Mais ils avaient à prendre position sur le choix que l'Amérique devait faire face à des réalités concrètes : la guerre froide ou de nouvelles destructions par la bombe atomique. Cette situation politique se prêtait à toutes sortes de calculs douteux ; elle avait d'ailleurs basculé tout à fait à la fin du conflit européen : des nations alliées durant la guerre, comme la Russie et la Chine, étaient devenues des adversaires ; des pays rivaux, comme l'Allemagne de l'Ouest, le Japon et l'Italie, étaient redevenus amis. Ces lendemains de victoire, qui n'avaient rien de fleuri ni de glorieux, apportaient en plus de la confusion une expérience vécue et existentielle de l'irrationnel. Cette génération nouvelle était devenue plus sensible à ce caractère incohérent de la situation qu'à son caractère absurde. Aussi, à l'opposé de l'intellectualisme de leurs confrères européens, qui revoyaient les structures sociales et morales de leur pays en fonction d'un certain idéalisme, les jeunes Américains prônaient les vertus du retour à la nature contre les formes organisées que valorisait la société américaine. Ils allaient se définir en fonction de cette nouvelle façon de penser et s'appuyer sur un mode de vie tendant à l'illustrer[1].

Vers 1945, la Beat Generation était un groupe de jeunes écrivains dont quelques-uns marqueraient l'histoire de la littérature : Allen Ginsberg, William S. Burroughs, John Clellon Holmes, Carl Solomon, Neal Cassady, Gary Snyder, Gregory Corso, Lawrence Ferlinghetti, qui se retrouvent tous dans les œuvres de Kerouac. Ce qui les unissait était la perte de croyance dans le système socioculturel et politique de leur pays, la conviction surtout que cette situation était irréparable. Ils se sentaient comme des étrangers dans leur propre pays. Le narrateur des *Anges vagabonds* décrit leurs sentiments quand l'un d'eux, Ginsberg, griffonnait ses poèmes dans une chambre sans lumière éclairé par la seule flamme d'une chandelle :

> Nous gardions le silence et je découvrais quel groupe d'ahuris nous étions – par ahuris, j'entends étrangers à ce que devait être la façon de vivre selon les autorités [...]. Nous étions tous dans le même bateau – pauvres, en terre étrangère, notre art plus ou moins rejeté, extravagants, naïfs au bout du compte (*Les anges vagabonds*, 51-52).

Mais ils étaient également déchirés par des conflits personnels qui les amenaient à des solutions extrêmes. Les réponses à leurs problèmes intimes déteignaient forcément sur les situations extérieures à eux. En s'individualisant, le phénomène prit des formes diverses. Le mot *beat*, que Kerouac aurait dit à son ami John Clellon Holmes en 1948 pour désigner sa génération, définirait en raccourci les principales figures de ce mal du siècle. En réalité, Holmes avait bondi quand Kerouac lui avait dit : « Tu sais, c'est vraiment une *beat generation* la nôtre[2] » et avait approuvé ce nom, incitant même Kerouac à définir cette tendance nouvelle. Ce dernier répondait vaguement : « C'est quelque chose de furtif [...], comme si nous étions une génération d'êtres furtifs. Tu sais, quand on a acquis une certitude profonde, il est inutile de s'en targuer, du moins *publiquement*. C'est ça la façon d'être *beat*[3]. » Dans son roman *Go*[4], Holmes a le premier tenté de décrire la torture morale de ces jeunes intellectuels et leur insatiable besoin de croire en quelque chose. Quelques-uns y tiennent des rôles sous des noms divers, comme dans les romans de Kerouac qui devient ici Gene Pasternak, Allen Ginsberg apparaît sous celui de David Stofsky, Neal Cassady sous celui de Hart Kennedy et Holmes lui-même sous le nom de Paul Hobbes. Dans un article publié peu après la parution de son roman, Holmes décrivait ainsi ce que recouvrait dans l'attitude de ses amis le terme *beat* : « Il implique une sorte de nudité de l'esprit, et, à la fin, de l'âme ; un sentiment d'être acculé aux derniers remparts de la conscience. Bref, il signifie qu'on est poussé, de façon dramatique, au pied du mur de soi-même[5]. » En résumé, cette génération avait perdu le sens de l'appartenance ainsi que la foi en des valeurs qu'elle jugeait périmées.

On a noté aussi que presque tous ces nouveaux écrivains étaient des *outsiders*, pour la plupart étrangers à la vie américaine, du moins non engagés dans les problèmes politiques et sociaux de leur temps. Leur première préoccupation, qui aurait dû donner naissance à une révolte sociale, était d'abord d'ordre littéraire et humain, ou humaniste. Ils voulaient secouer le rationalisme de penseurs ou de leaders, pour la plupart formés dans les grandes écoles et universités, qui castraient les écrivains ne partageant pas leurs points de vue. Ils s'en prenaient au magistère de quelques grands auteurs et de leurs disciples qui agissaient comme les policiers des lettres postérieures à T. S. Eliot. Le mouvement de liberté sociale et littéraire entraînait aussi une remise en place de l'intuition, de la sensation et de la sensibilité, que les excès de rationalisation et de normalisation avaient anéanties. Pour faire ainsi contrepoids à une opinion solidement établie et ancrée, il fallait un certain courage et, en ce sens, il valait mieux que leurs promoteurs viennent de l'extérieur. En effet, Kerouac et ses amis trouvaient leurs origines ailleurs, indépendamment de leur orientation sexuelle : Kerouac en tant que Français, Canadien par ses parents, de religion catholique et bisexuel ; Allen Ginsberg comme Juif radical et homosexuel ; Gregory Corso, d'origine italienne et réformateur de l'enseignement ou encore William Burroughs, homosexuel et honte d'une bonne famille américaine.

La même année où Holmes publiait son roman (1948), Kerouac écrivait en quelques semaines (trois[6], dit-il) son célèbre *On the Road*. Les éditeurs refusèrent son manuscrit. Ce n'est qu'en 1955 qu'un chapitre paraissait dans une revue d'avant-garde, *New World Writing*. Kerouac s'y cachait sous le pseudonyme de

« Jean-Louis ». Le roman fut finalement publié l'année suivante. L'expression « Beat Generation », qui depuis 1948 avait plus ou moins disparu, même si le mouvement bouillonnait souterrainement, revient à la surface avant même la parution de *Sur la route*, qui, encore à ce moment, s'intitulait *Beat Generation*. Malcolm Cowley, conseiller littéraire chez Viking Press, suivait de près les démarches de Kerouac et suggérait plusieurs stratégies pour la publication de *Sur la route*. Il avait été frappé par ce terme désignant un groupe d'écrivains, encore inconnus, non-conformistes et rebelles qu'il identifie sous le nom de Beat Generation. Il précise que le livre inédit de Kerouac est la meilleure description de leurs vies. D'autres articles suivirent, de Lawrence Lipton et de Kenneth Rexroth, qui traitaient de ce groupe d'écrivains de San Francisco, dont certains, Kerouac entre autres, avaient appartenu à celui de New York. Peu avant la publication de *Howl and other Poems* d'Allen Ginsberg, en 1956, un article de Richard Eberhart saluait ce remarquable poème, si représentatif du jeune groupe. Ginsberg avait dédicacé son livre à Burroughs, Neal Cassady et Jack Kerouac. Ce qui faisait dire à Herbert Gold, écrivain lui-même influencé par le mouvement *hipster* : « Un des héros de *Sur la route*, en effet, est Allen Ginsberg (sous le pseudonyme de Carlo Marx) comme l'un des héros de *Howl* est Jack Kerouac (sous le pseudonyme de Jack Kerouac)[7]. » C'est cette époque d'affranchissement que Kerouac décrit ainsi :

> Ce temps-là était une étrange et tranquille époque s'insérant entre notre période de fanatisme zen en 1955, quand nous lisions nos poèmes à San Francisco devant un nombreux public (en ce qui me concerne, je ne lisais pas, j'étais

comme une sorte de chef d'orchestre dirigeant avec une cruche de vin), et la période des journaux et des critiques qui parlaient de la « Renaissance Poétique de la Beat Generation à San Francisco » (*Les anges vagabonds*, 200).

Le poème de Ginsberg *Howl* fit scandale. L'éditeur et distributeur de ce poème, Lawrence Ferlinghetti, a fait l'objet d'un procès pour publication d'obscénités. L'épisode de la censure de Baudelaire et Flaubert se répétait en Amérique à un siècle de distance. C'était en 1957, année de grâce, *annus mirabilis*, pour la Beat Generation et pour Kerouac. Un article de Kenneth Rexroth allait exposer et presque imposer l'art et les attitudes du groupe. Puis, en septembre, *On the Road* paraissait enfin. Les amis de Kerouac avaient prédit le succès foudroyant du roman : « *Sur la route* est un grand livre fou qui changera l'Amérique. [...] les Faulkner et les Hemingway deviendront rêveurs quand ils penseront à toi » (*Les anges vagabonds*, 58). Le livre mit sur la carte du monde le groupe dont il décrivait la vie et les mœurs. Dans le *New York Times*, Gilbert Milstein[8] parle d'un moment historique à propos de la publication de *On the Road*. Mike Wallace écrit dans le *Herald Tribune* : « Il rêve l'Amérique comme d'authentiques roulis de rythmes avec l'ardeur de vivre d'un Whitman ou d'un Thomas Wolfe[9]. » La comparaison avec Wolfe est devenue un des lieux communs de la critique sur Kerouac. Si Carlos Baker, dans *Saturday Review*, parle d'un poème de la déliquescence juvénile, la même revue, quelque temps après, corrige l'effet de cette déclaration en affirmant que Kerouac est une promesse d'avenir[10]. Quoi qu'il en soit, *On the Road* donne un visage à ce qui était jusque-là une abstraction. Il permet surtout de préciser ce contre quoi se dressait ou butait la génération nouvelle. En s'opposant au conformisme et à la super-organisation de la société américaine, le mouvement *beat* tendait à leur substituer un nouveau type de vie et de pensée, en somme un nouveau type d'homme.

La nuit d'Amérique, c'est le contexte social et culturel de l'époque telle que l'ont vue les beatniks et telle qu'ils l'ont décrite. Par opposition, le jour, c'est leurs aspirations, leurs certitudes, leurs attentes, leurs valeurs qu'ils ont aussi exprimées dans leurs écrits. Cette nuit se présente sous la forme d'une critique des attitudes et des codes de la classe moyenne des États-Unis. La standardisation et la régulation des activités, soit par le canal de l'organisation sociale, soit par le moyen des *mass media*, avaient étouffé l'individu. Tout devenait conformisme, convention, uniformité. L'Amérique sombrait ainsi dans une sorte de paralysie morale, intellectuelle et spirituelle. La psychanalyse collective, pas plus que l'individuelle, n'apportait de solution ou de changement à cette situation. La propagande, la publicité commerciale, la sécurité, imposaient une sorte de camisole de force qui maintenait l'État sous les pressions d'une pensée dominante, inspirant à chaque individu la peur ou le réduisant à l'apathie. C'est précisément ce que la littérature *beat* dénonçait ; en cela, elle rendait évidentes les difficultés, les contradictions et les erreurs existantes. Selon Kerouac, les structures sociales d'alors empêchaient l'Américain de s'épanouir. Son diagnostic touchait l'Amérique tout entière.

[...] une douleur me tenaille soudain et je me dis « Ah ! Amérique si grande, si triste, si noire, tu es comme les feuilles d'un été sec qui sont ratatinées avant la fin d'août, tu es sans espoir, tous ceux qui te regardent ne voient rien d'autre que ce désespoir aride et morne, la certitude d'une mort menaçante, la souffrance de la vie présente, ce ne sont pas les lampes de Noël qui te sauveront, ni toi ni personne […] » (*Le vagabond solitaire*, 34).

Dans *Big Sur*, le personnage Dave Wain se moque ainsi du conformisme dominant dont l'exemple est celui des Américains en voyage. Ses mots sont aussi ceux de Kerouac, l'auteur qui le cite :

> Dave : « Les Américains en voyage ont tous des valises pleines de vêtements bien propres, comme tu l'as dit, ils s'inondent d'eau de Cologne, se collent du Band and Aid ou autre saloperie sous les aisselles ; ils font toute une histoire quand ils voient une tache sur une chemise ou sur une robe ; ils changent peut-être de linge et de chaussettes jusqu'à deux fois par jour et ces vaniteux, ces insolents, se considèrent comme le peuple le plus propre de la terre, mais ils se promènent avec le derrière sale » (*Big Sur*, 71-72).

Il assimile alors à ces Américains typiques le président des États-Unis, les grands ministres d'État, les évêques et archevêques éminents, les « grosses légumes », sans oublier des ouvriers d'usine avec leur orgueil farouche, les vedettes de cinéma, les industriels, les grands ingénieurs, les directeurs de cabinets juridiques, d'agences de publicité qui portent des chemises de soie et des cravates importées d'Angleterre, en somme à peu près « tous ceux qui nous traitent de beatniks crasseux et mal lavés alors que nous sommes les seuls à avoir le cul propre » (*ibid.*, 72).

Ce passage qui embrasse bien des aspects de la vie publique des États-Unis, comme beaucoup d'autres qu'on pourrait citer de Kerouac sur ce même thème, a suscité de nombreuses critiques. Les principaux reproches portent en particulier sur le caractère exclusivement négatif de la vision de la société donnée par ceux qui revendiquaient l'anarchisme, une forme renouvelée de naturalisme, une morale primitive et sensualiste. C'est que la spontanéité et l'irrationnel que prônent les beatniks s'opposent aux règles admises et aux prescriptions de la société elle-même. Des dogmes se substituent donc à d'autres dogmes. Pour leur défense, ils disent prêcher la fraternité et l'amour alors que leurs contradicteurs acceptent la guerre et la destruction des hommes afin de ne pas freiner les intérêts économiques de la nation. On fait grand cas de la liberté, mais on la refuse à ceux qui veulent s'en prévaloir, on la leur interdit ; qui ne se conforme pas, par individualisme, aux règles et aux lois des institutions établies, est mis au ban de la société. Le pire est de ne plus éprouver aucun sentiment de culpabilité.

> Juges véreux qui se rasent et s'en vont le matin en souriant s'acquitter avec indifférence de leur tâche haineuse, généraux respectables qui décrochent leur téléphone pour ordonner aux soldats d'aller se faire tuer, sous peine de mort, voleurs qui hochent la tête dans leur cellule en disant : « Je n'ai jamais fait de mal à personne [...] » (*Big Sur*, 193-194).

En somme, tous ces individus monstrueux sont visés, qui se croient honorables uniquement parce qu'ils portent une chemise propre, font de la politique, briguent des postes de gouverneurs : « J'ai honte d'appartenir à la race humaine » (*ibid.*, 194).

De nouveau, les réactions à cette critique sociale déguisée se manifestent par une incapacité à trouver ou à proposer des solutions aux problèmes. La recherche d'un nouveau mode de vie en marge de la société organisée n'ouvre aucune voie susceptible d'assurer son renouveau. Trois témoignages corroborent cette opinion.

> Kerouac n'a pas de vraies réponses aux grands problèmes de la société moderne [...]. Comme preuve, ses souterrains et ses hobos manifestent beaucoup de bonne volonté, mais leur levier d'interaction est aussi conventionnel et intéressé que celui des arrivistes de George F. Babbit assemblés dans un imposant conclave. Rien n'est plus irritant chez Kerouac que sa célébration ouverte de l'infantilisme comme découverte capitale[11].

De là à traiter Kerouac et le groupe d'écrivains de San Francisco de nihilistes, de prédicateurs de néant, il n'y a qu'un pas.

> C'est précisément ce manque de croyance en la vie qui constitue la révolte simpliste de ce à quoi les écrivains de San Francisco ont donné voix avec tambour et trompette ; un minime nihilisme qui, sans engagement dans le monde, ne peut pas plus imaginer la destruction du monde que son existence et doit faire la navette entre une affirmation vide et le non-conformisme[12].

Comparant la bohème des années 1920 à celle des années 1950, Norman Podhoretz affirme que l'idéologie *beat*, ou le dernier bohémianisme, est hostile à la civilisation.

> Il célèbre le primitivisme, l'énergie instinctive, le *sang* [...]. Le groupe de la Beat Generation sert d'abord et avant tout de couverture à l'anti-intellectualisme[13].

Norman Mailer a donné une certaine autorité et le sérieux requis à la critique de l'œuvre de Kerouac et de la pensée de son groupe. Dans un essai sur les *hipsters*, intitulé « The White Negro[14] », l'écrivain souligne le rôle antisocial du mouvement, qui se met sensiblement en marge de la société, et de ses représentants qui luttent, consciemment ou non, contre l'ordre social établi. Mais aussi, poursuit-il, en liant leur vie et leur existence à l'alcool, aux drogues et au sexe, les *hipsters* profitent du confort américain et participent d'une certaine manière au conformisme de la prospère Amérique. Ils usent bien et même avidement de ce qu'ils condamnent. Ils s'enferment ainsi dans un cercle vicieux et leurs attitudes excentriques ne sont au fond que l'affirmation gratuite d'un certain barbarisme et d'une croyance non fondée dans la supériorité des actes individuels de violence sur la violence collective de l'État.

Et pourtant, le groupe des orthodoxes de la Beat Generation voulait n'avoir rien à faire avec le mouvement *hipster* dont parle Mailer, pas plus qu'il ne se sentait responsable des excès commis par – ou imputés à – la génération des beatniks ou des hippies.

> […] je suis censé être le « Roi des beatniks », si l'on en croit les journaux; et pourtant, j'en ai marre, archimarre de l'intarissable enthousiasme de ces jeunes qui se mettent en quatre pour me connaître et déversent en moi toute leur ardeur à me voir bondir et me démener en disant : « Oui, oui, c'est ça », ce dont je suis maintenant incapable (*Big Sur*, 128).

À ce moment-là, Kerouac était loin de l'époque de *Sur la route* et il se sentait dépassé par les événements ; il souffrait de sa notoriété, car il n'y a rien de pire que la plus grande réussite, ou le plus grand échec. Son message de liberté avait été trahi par le « braillage » de désœuvrés qui faisaient de leur paresse et de leur licence l'essence de la nouvelle mystique. Dans une lettre qu'il adressait à Granville H. Jones, en novembre 1960, Kerouac écrit :

> La vision de l'Amérique est aujourd'hui détruite par le mouvement beatnik qui n'a plus rien à voir avec la « Beat Generation » que j'ai présentée, c'est un mouvement enrichissant d'intellectuels dissidents à la dérive et même à présent anti-américains, toutes sortes de gens qui se font appeler « beatniks » et affichent leur haine de l'Amérique sur des banderoles (*Lettres choisies 1957-1969*, 303).

Cela devait le conduire à la fin de sa vie vers un conservatisme jugé rétrograde.

Dans une lecture faite devant les étudiants de l'Université de New York, Kerouac a tenté de décrire l'origine de sa génération et de définir les termes « beat... beaten... beatific » dont elle a été étiquetée[15]. Dès 1948, deux tendances se sont manifestées au sein du groupe *hipster* ou *beatster* ; ils se divisaient en « chauds » et « froids », en « sages » et « fous ». La plupart des artistes de la Beat Generation, poursuit Kerouac, appartiennent à la branche « chaude » :

> Le *hot* aujourd'hui est le bavard dingue au regard brillant (souvent innocent et généreux) qui court de bar en bar, de piaule en piaule, à la recherche de tout le monde, criant, infatigable, poivrot, essayant de se « brancher » avec des beatniks souterrains qui l'ignorent (*Vraie blonde et autres*, 99).

Mais qu'il soit chaud ou froid (Kerouac pour sa part se disait moitié l'un, moitié l'autre), le mouvement *beat* est fondé sur un besoin d'expérience personnelle qui s'exprime en de longues confessions, parfois optimistes, parfois désespérées. L'étiquette ou le slogan, qu'était devenue l'expression, recouvrait en réalité une révolution dans les mœurs en Amérique.

Aussi Kerouac s'est-il fait jusqu'à la fin le défenseur acharné du mouvement, prônant son innocence foncière, sa pureté d'intention originelle. Il exécrait tous ceux qui avaient malicieusement ou injustement rendu le groupe responsable de la délinquance juvénile et de l'immoralité croissante. Il était trop facile en effet d'en faire le bouc émissaire de tous les maux, nouveaux ou anciens, de la société étatsunienne ou de l'humanité. Kerouac le dit en ses mots :

> [...] malheur, malheur à ceux qui pensent que Beat Generation signifie crime, délinquance, immoralité, amoralité... Malheur à ceux qui l'attaquent simplement parce qu'ils ne comprennent pas l'histoire et les aspirations des âmes humaines... Malheur à ceux qui ne comprennent pas que l'Amérique doit, devra, est en train de changer, je dis pour le meilleur [...]. Malheur à ceux qui crachent sur la Beat Generation, le vent le leur renversa (*Vraie blonde et autres*, 104-105).

Kerouac n'est pas hostile à la civilisation. Pas plus que les « bohémiens » des années 1920 (dont parle le critique Podhoretz), Hemingway, Fitzgerald, Sinclair Lewis, Eliott et Ezra Pound, ceux de la Beat Generation ne veulent anéantir le monde dans lequel ils vivent. Ils voudraient plutôt l'améliorer en le changeant. Leur philosophie, celle de Kerouac en particulier, s'oppose à certaines habitudes, à certaines attitudes sociales de son temps qui non seulement freinent les aspirations de l'individu mais détruisent en lui la joie, la tendresse et l'amour, cette trilogie fondamentale de la « religion » *beat*. L'une des illustrations du mal dont souffre l'Amérique se trouve dans *Les clochards célestes* : c'est la déification de la proprette maison de l'Américain moyen, avec son minuscule jardin et son gazon frais tondu ; c'est encore l'appareil de télévision dans chaque salon qui force les gens à voir et à penser la même chose en même temps. Cette nouvelle existence lui répugnait tout à fait et contredisait son idéal de l'individu vivant dans une société humaine. Toutes les pressions extérieures, quelles qu'elles soient, qui tendaient à réduire la personnalité de l'homme devaient être bannies et condamnées. Aussi, souscrivait-il à la définition de son ami Clellon Holmes : « Être *beat*, c'est être au sommet de sa personnalité l'œil au guet[16]. » Son vœu le plus profond était que, dans cette humanité desséchée, fatiguée déjà, vieillie, naisse et s'épanouisse une fine fleur, une grâce d'enfance. En cela, Kerouac rejoint une longue tradition d'idéalisme qui a toujours cherché non à maîtriser l'homme mais à l'accomplir.

En 1846, un siècle avant, dans son livre *Le peuple*, Michelet dénonçait les maux mêmes auxquels la Beat Generation s'est attaquée. L'historien les réunissait dans un terme que les jeunes des années 1950 auraient pu adopter : le machinisme. Michelet ne considérait toutefois pas le mot dans son sens étroit, à savoir l'introduction dans la production industrielle de machines pouvant remplacer l'homme ou l'ouvrier. À ses yeux, le système économique tel qu'il se développait alors aboutissait à la mécanisation de la pensée et de la vie.

> Machines politiques pour rendre nos actes sociaux conformément automatiques [...] machines industrielles qui, créées une fois, multiplient à l'infini des produits monotones, et qui, par l'art d'un jour, nous dispensent d'être artiste tous les jours [...]. La machine à penser, engrenée dans la machine politique, roulera triomphante,

et s'appellera philosophie d'État. [...] Comment s'étonner si le monde souffre, ne respire plus sous cette machine pneumatique ; il a trouvé moyen de se passer de ce qui est son âme, sa vie ; je parle de l'amour [...]. Le résultat n'est pas l'indifférence, comme on croirait, mais l'antipathie et la haine[...][17].

Kerouac a défini tout cela dans « la nuit américaine » dont il s'est volontairement fait le héros, mais un héros contestataire. Son ami, le docteur Sax, lui avait révélé en une formule les mouvements secrets de cet univers : « Toute ton Amérique est comme une ruche balzacienne concentrée dans la pointe d'un joyau » (*Docteur Sax*, 229). C'est précisément cette ruche que Kerouac a voulu décrire, un peu à la manière d'un historien de la société, ou mieux d'un romancier/historien. Seymour Krim le compare curieusement à Churchill, tous deux ayant fait et écrit l'histoire dans laquelle ils ont joué un rôle de premier plan. Mais, poursuit-il :

> L'art est plus que la simple histoire de la société, de sorte que si Kerouac est un romancier historien, à la manière de James T. Farrell, F. Scott Fitzgerald ou du premier Hemingway, comme eux il doit aussi faire apparaître le fond de son âme dans sa forme ; le séduisant devoir de l'artiste écrivain est de matérialiser ce qu'il est en train d'écrire dans une forme indissociable de son contenu[18].

Archibald MacLeish avait exprimé à peu près la même chose : « Un poème ne doit pas signifier mais exister[19]. » On en verra l'illustration dans la seconde partie de cet ouvrage.

DEUXIÈME PARTIE
Écrire

Chapitre 4

Roman détruit / roman construit

> […] *le détail est la vie de la chose, je le répète, dis tout ce que tu penses, ne retiens rien, n'analyse pas, ni rien en chemin, dis ouvertement ce que tu as à dire* […].
>
> (Les souterrains, 102-103)

> *Les écoles littéraires limitent les hommes, même moi.*
>
> (Les anges vagabonds, 96)

> […] *je déteste écrire. Toutes mes ruses mises à nu et même la conscience qu'elles étaient dévoilées m'apparaissent comme autant de mensonges.*
>
> (Big Sur, 53-54)

L'idée qu'on se fait de Kerouac romancier est celle d'un improvisateur, d'un non-initié qui manie le genre comme un éléphant dans un jeu de quilles. L'anecdote de la fabrication de *Sur la route* sur un rouleau de télex déroulant la prose de ce voyage hippie a accrédité cette réputation. Ce produit romanesque, assez nouveau pour être nommé à l'époque « littérature de l'instant », s'est vendu 2 460 000 dollars américains chez Christie's en 2001. Il n'en faut pas plus pour convaincre bien des gens que cette trop grande facilité à écrire ne convient pas à un « grand romancier ». Son succès immédiat, qui en a fait le manifeste de la Beat Generation, n'est pas non plus sans soulever des doutes quant à sa valeur à la fois romanesque et littéraire. En réalité, dans ses brouillons, notes et journal de jeunesse (entre 25 et 32 ans) que Douglas Brinkley a récemment rassemblés et publiés[1], Kerouac dément la légende selon laquelle il aurait écrit *Sur la route* d'un seul jet en trois semaines (avril 1951), précisant que sa rédaction avait déjà été entreprise en août 1948. En 1951, il rassembla ces notes et esquisses pour rédiger le roman, qui d'ailleurs a été travaillé au moment de sa publication en 1957 sur les suggestions de l'éditeur Malcolm Cowley. Celui-ci lui avait demandé de peaufiner le roman, de solidifier certains chapitres, d'en raccourcir d'autres, de réécrire plusieurs pages ou parties. En somme, cette réécriture au moment de l'édition confirme ce qu'il pensait en 1947, que la création d'un roman exige des mois et même des années d'ascèse, de retraite et de constance.

La critique étatsunienne a à peu près tout condamné de ce qu'a produit Kerouac. En particulier la conception, la construction et la forme de ses romans. Avec une quasi-unanimité remarquable, on leur a refusé la qualité littéraire et ce souci de la perfection formelle qui conviennent aux grandes œuvres. Les critères d'appréciation esthétique invoqués étaient souvent implicites ou sous-entendus, mais parfois aussi fort directs.

Non seulement il écrit mal, mais encore il fait exprès. « Kerouac est un mauvais et souvent un sot écrivain[2]... » Il pousse l'audace jusqu'à répéter avec monotonie les mêmes propos ou les mêmes événements, il utilise les mêmes adjectifs banals : *greatest, tremendous, crazy, mad, wild*, qu'il amplifie en utilisant *really* (*mad, crazy, wild*) ; il supprime la ponctuation, déséquilibrant ainsi la phrase et, quand il a tout épuisé dans ce sens, il lance ce cri de sa génération : « Woo... Wooo », pour marquer son mépris et son dédain envers la critique. Sa stratégie habituelle est d'utiliser des clichés ou de vagues signaux pour décrire des situations ou des sentiments compliqués[3]. Les critiques ont l'impression qu'il ne se relit pas, qu'il ne se corrige jamais, qu'il se complaît dans les brouillons.

Certes, bien qu'il ait fréquenté l'Université Columbia dans les années 1950, il n'a pas appris les règles de l'écriture littéraire, il n'a suivi aucun atelier de création, il se vante même de ne rien savoir de la rhétorique et du discours, et d'être, là comme ailleurs, un autodidacte. Mais il a beaucoup lu, et les plus grands romanciers, français, anglais et étrangers. Il ne contredirait pas ce jugement sur sa langue « sans règle, sans rigueur, sans rectitude grammaticale », à condition toutefois qu'on n'aille pas jusqu'à dire : « Le blablabla qu'il écrit est un contre-langage ; il élimine toute différenciation, toute subtilité, même de sens, ainsi que la grammaire [...]. Kerouac n'a rien à dire et il le dit mal[4]. »

Sa manière d'aborder le genre le rend suspect mais aussi montre déjà sa tendance à passer par des voies transversales. Par nature, il est un *outsider* en tout. Même si *Sur la route* est un prototype de récit linéaire qui suit une ligne simple, celle du déroulement de plusieurs voyages à travers l'Amérique (États-Unis et Mexique compris), avec sa trame de rencontres insolites, de bars fréquentés, de hasards provoqués, de petits rebondissements, il n'en reste pas moins un objet construit, sous des airs déconstruits. À l'époque de l'écriture du roman, Kerouac fréquentait Holmes à qui il raconta comment il allait s'y prendre pour écrire. Ann Charters cite les mots de Kerouac rapportés par son ami : « Tu sais ce que je vais faire ? Je vais m'acheter un rouleau de papier pour étagères, l'insérer dans la machine et écrire, le plus vite possible, exactement comme ça s'est passé, dans la même précipitation, et rien à foutre des constructions à la gomme, je m'en occuperai plus tard[5]. » Holmes s'était alors dit que cette méthode de composition s'apparentait à une saine thérapie. Rendant visite à Kerouac quelques jours plus tard, il entendit en montant l'escalier le cliquetis sans trêve de la machine à écrire, puis il contempla le manuscrit de neuf mètres que Kerouac déroulait à la recherche d'un passage. Quand, trois semaines plus tard, Holmes lut le livre achevé, devenu un rouleau de dix centimètres d'épaisseur et de trente-trois mètres de long, il comprit que c'était là ce que son ami avait fait de meilleur.

En fait, dès 1948, Kerouac parle d'un roman picaresque qu'il élabore et dont la trame serait le récit des péripéties de deux auto-stoppeurs se rendant de New York en Californie, l'un pour y trouver la femme idéale, l'autre pour découvrir le mirage hollywoodien. Cette première version était moins autobiographique que celle de 1957. C'est en réalité en décembre 1950 qu'une longue lettre de Neal Cassady lui révèle une façon très personnelle de décrire ses amours en décembre 1946 à Denver. *Junky*, de William Burroughs, paru en 1952, est l'exemple de cette prose « directe » de la version en cours de *Sur la route*. C'est en 1951, quand il commence à dactylographier ces différentes versions sur son rouleau de papier continu, que commence à se fonder cette version mythique. L'éditeur de Hartcourt Brace, Robert Giroux, jugera l'œuvre impubliable et demandera à Kerouac de couper et de remanier le manuscrit afin de le transformer en un texte plus court et plus centré sur Neal Cassady, Dean, le personnage principal de *Sur la route*. Il y a donc dans cette écriture les deux modes de la prose spontanée et de la structuration du récit. C'est ce qui lui donne son cachet d'authenticité. Mais là ne s'arrête pas le travail d'écriture. En 1955, Malcolm Cowley, de Viking Press, qui publiera le roman, change le titre de *Beat Generation* pour celui de *On the Road*. Pour compléter le tout, l'éditeur oblige Kerouac à changer le nom réel de tous les personnages par précaution juridique. C'est ce qu'il fera par la suite pour tous les autres récits.

Cette manière d'écrire qu'on a qualifiée de spontanée et presque de mécanique n'est condamnable que si l'expérience avorte, à savoir si le roman ne se lit pas et n'acquiert pas de sens. Car, malgré le caractère anecdotique de sa fabrication, *Sur la route* est un roman organisé mais de façon décousue, détruit et construit à la fois, comme le dit George Sand de *Consuelo* : « Le roman n'est pas bien conduit. Il va souvent un peu à l'aventure [...] ; il manque de proportion [...]. Ce défaut, qui ne consiste pas dans un *décousu*, mais dans une sinuosité exagérée d'événements, a été l'effet de mon infirmité ordinaire : l'absence de plan[6]. » Détruit, le roman de Kerouac, car il se déroule sans suivre une progression précise et sans atteindre une fin qui aurait au moins l'avantage de conclure les quatre voyages, qui s'enclenchent l'un à l'autre dans une série de péripéties la plupart du temps redondantes. Or, il n'en est rien. Les quatre parties consacrées au déroulement des divers voyages commencent par l'évocation de Dean :

> I- « J'ai connu Dean peu de temps après qu'on ait rompu ma femme et moi. »
> II- « Il se passa plus d'une année avant que je revoie Dean. »
> III- « Au printemps de 1949 [...] je passais devant le *Windsor Hotel*, où Dean Moriarty avait habité [...] et, comme jadis, je cherchais partout le lamentable et fabuleux étameur de mon imagination. »
> IV- « Pour la première fois de notre vie, je dis au revoir à Dean à New York... »

Kerouac ajoute une cinquième partie qui est, d'une part, la fin d'un voyage réel et, d'autre part, l'amorce d'un voyage imaginaire. Comme les autres débuts, elle commence par :

> V- « Dean quitta Mexico et revit Victor à Gregoria et poussa sa vieille bagnole jusqu'à Lake Charles, en Louisiane... »

Et se termine par :

> « [...] je pense à Dean Moriarty, je pense même au vieux Dean Moriarty, le père que nous n'avons jamais trouvé, je pense à Dean Moriarty. »

Le roman est donc construit sur la trame de la rencontre du narrateur, Sal, et de l'ami idéal, Dean. L'histoire est entièrement centrée sur cette recherche d'amitié entre les deux, le premier en quête du bonheur que le second incarne par sa joie de vivre. Chacun des périples apporte des variantes, allant de l'impossibilité de la rencontre des deux amis (« Il était trop tard et j'avais également raté Dean », fin de la première partie), qui s'accentue dans la deuxième partie, pour enfin atteindre un tournant décisif (« En fin de compte, c'est vers moi que tu viens », troisième partie, chap. II) qui mène à la séparation (« Oui, oui, oui, il faut que j'y aille maintenant. Vieux Sal fiévreux, adieu », fin de la quatrième partie). La dernière partie, sorte d'épilogue, concerne encore Dean, abandonné cette fois par Sal et ses amis, voué à la « route douloureuse ». À travers les étapes de ce voyage initiatique, les deux amis, tout en approfondissant leur amitié, commencent à en comprendre le prix. Kerouac avait lu Montaigne[7] qui explique ainsi ce sentiment : « Parce que c'était lui, parce que c'était moi », mais il précise « que cela ne peut s'exprimer » autrement.

La cinquième partie n'était pas prévue dans le plan initial. Revenu lui aussi de Mexico à New York, Sal Paradise (Kerouac) cherche ses amis et trouve à leur place une fille, par un de ces hasards nombreux tout au long des voyages précédents. Puis, par un autre de ces hasards, il rencontre dans un parc Dean (Neal Cassady) qui, venu de San Francisco pour le voir (« te VOIR », 377), s'aperçoit de la distance qui les sépare désormais et décide de repartir, essayant de lui expliquer ce qu'il entend faire. « Le vieux Dean est parti, me dis-je à voix haute. Tout ira bien » (*Sur la route*, 379). Le paragraphe final est une reprise en accéléré et sur le mode lyrique de l'épopée du voyage, placée sous le signe de l'ami Dean

Moriarty à qui Sal pense avec nostalgie et auquel il s'identifie. Plutôt que d'atteindre un lieu réel, par exemple New York, Denver, San Francisco ou Mexico, c'est l'évocation d'un autre départ avec une fin imaginée qui donne naissance à une allégorie et à une hyperbole du voyage. Une hyperbole, car le récit caractérise à outrance l'idée de départ, de fuite en avant, de déplacement, de lieu atteint puis laissé, quitte à y revenir. Le voyage devient aussi une métaphore développée, une figure décomposée qui se diversifie par des figures multiples, d'autres métaphores, des comparaisons. C'est ici la structure de base de l'allégorie. Compte tenu de cette insistance à mettre en situation Dean à chaque partie, le voyage devient l'incarnation de la recherche de l'ami privilégié et des aléas de cette amitié dans l'espace du récit. Le roman du voyage est en somme l'aventure d'une amitié qui n'offre aucune possibilité de rencontre définitive, de possession, étant toujours distraite par les nécessités de la route, des déplacements qui empêchent de s'arrêter pour jouir du moment présent, pour profiter d'une union dans le repos. Car sur les grandes autoroutes de *Sur la route*, il n'y a jamais de *stop*, ni de feux de circulation. On ne s'arrête que pour les besoins essentiels, manger, boire et dormir, faire l'amour.

En fait, *Sur la route* sera une sorte de modèle pour les autres récits, qui sont tous de nature autobiographique. Il présente quatre itinéraires qui s'enchevêtrent et correspondent à quatre périples réels. Le premier prend la forme d'un projet, avec comme point de départ New York. Le deuxième retrace le trajet aller-retour New York-Denver-San Francisco-Los Angeles-New York. Le troisième, une série d'épreuves, s'étend du nord vers le sud : la Nouvelle-Orléans et le Nouveau-Mexique. Le quatrième, avec le séjour amoureux et douloureux de Sal à Mexico, part de Washington, va vers Saint-Louis puis passe par Denver. La cinquième partie évoque le retour de Dean à New York et sa dernière rencontre avec Sal. Roman circulaire, comme l'est ce voyage qui, sous une forme répétitive, ramène toujours au point de départ, va d'un ici vers un ailleurs pour revenir à l'ici. L'Ouest représente le lieu de l'imaginaire, où l'amitié pourrait se réaliser en toute liberté.

> La Californie de Dean, pays délirant et suant, pays d'importance capitale, c'était celui où les amants solitaires, exilés et bizarres, viennent se rassembler comme des oiseaux, le pays où tout le monde, d'une manière ou d'une autre, ressemble aux acteurs de cinéma détraqués, beaux et décadents (*Sur la route*, 207).

Le Sud a l'attrait de l'amour impossible ailleurs, mais d'un amour déchirant. C'est le Mexique, Mexico surtout, où l'effervescence est contagieuse et donne comme un nouvel élan de passion.

> Telle était la ville grandiose et ultime et sauvage et sans inhibitions des naïfs Fellahs que nous nous attendions de trouver au bout de la route. Dean déambulait là-dedans les bras le long du corps, pendant comme ceux d'un zombie, la bouche ouverte, les yeux étincelants, et il conduisit notre pèlerinage désordonné jusqu'à l'aube qui nous surprit dans un champ avec un gars en chapeau de paille qui riait et bavardait avec nous et voulait jouer à la balle car rien ne finissait jamais (*Sur la route*, 371).

Dans son ouvrage sur les visions religieuses de Kerouac, Ginsberg et Burroughs, John Lardas montre le rôle que joue Mexico chez ces trois auteurs qui sont participants d'un drame apocalyptique. Burroughs, dont il est question dans ce passage de *Sur la route*, a fait de Mexico un lieu de « continuel état de corruption et de dégradation[8] » alors que Ginsberg et Kerouac centrent leur vision sur l'ancien Mexico et ses aspects de temps aboli et de régénération. Mais ce qui ressort du roman de Kerouac est aussi ce lien que la ville a avec la drogue, et l'expérience amoureuse décevante qui y est vécue, ce qui rejoint le point de vue de Burroughs.

L'Est, New York, symbolise la stabilité, celle de la maison maternelle, la rationalité, celle de l'organisation, des règles et des normes établies, de l'argent, de la finance et des cupidités qui en découlent. Revenu de voyage, Sal contemple…

> […] avec mes yeux naïfs de routier la démence absolue et la fantastique fanfaronnade de New York, avec ses millions et ses millions de types se chamaillant pour un dollar, le cauchemar démentiel : empoigner, prendre, céder, soupirer, mourir, tout cela pour finir dans les ignobles cités funéraires qui se trouvent le long de Long Island. Les hautes tours de ce continent, de l'autre bout du continent, l'endroit où l'Amérique de la paperasse est née (*Sur la route*, 131-132).

En réalité, le roman présente une vision de l'Amérique sous tous ses angles, physiques, humains, sociaux et politiques. Les figures du pouvoir, de l'échec, de l'aridité, de l'artifice, de la mesquinerie, contrastant avec celles de la beauté, du plaisir, de la liberté totale, apparaissent comme rivées au paysage qui en prend chaque fois les formes et les allures diverses.

> Nous étions arrivés aux abords du dernier plateau. Maintenant le soleil était doré, le ciel d'un bleu aigu, et le désert, avec quelques rivières de loin en loin, n'était qu'une orgie

d'espace sablonneux et chaud où se fichait soudain l'ombre d'un arbre biblique [...]. La fin de notre voyage approchait (*Sur la route*, 368).

Puis, cette fois, en contraste, une vision de l'Est :

> Et devant moi, c'était l'immense panse sauvage et la masse brute de mon continent américain ; au loin, quelque part de l'autre côté, New York, sinistre, loufoque, vomissant son nuage de poussière et de vapeur brune. Il y a dans l'Est quelque chose de brun et de sacré ; mais la Californie est blanche comme la lessive sur la corde, et frivole [...] (*Sur la route*, 99).

La surimpression de ces deux passages, de la première et de la dernière partie, l'un au retour de Mexico, dans le Midwest, l'autre, de New York, montre le paysage comme fondement et relais d'une aventure qui le dépasse. Kerouac représente les deux faces de ce paysage américain, une intelligence sans intellectualisme, l'Est, et un appétit de vivre, non domestiqué, l'Ouest.

Cette quête d'amitié et d'amour se retrouve partout dans les œuvres de Kerouac. *Maggie Cassidy* et *Les souterrains* sont deux romans dans lesquels le thème de l'amour est traité selon le même mode : peu d'événements et de personnages, une économie de moyens, une progression atteignant un sommet et décroissant jusqu'à la fin, une force d'évocation obtenue grâce à des ressources ordinaires. Par leur structure et leur forme, ils font penser à *Un amour de Swann* de Marcel Proust, « ce vieux Proust » que Dean lisait « tout le long du chemin en traversant le pays » (*ibid.*, 377) ; le narrateur de *Maggie Cassidy* est un spectateur, comme celui d'*Un amour de Swann*, alors que dans *Les souterrains* il est impliqué directement dans cette affaire d'amour, comme dans *La prisonnière*, où Marcel fait l'expérience de la faillite amoureuse. De même, les souvenirs de l'enfance qui émaillent les romans de Kerouac s'apparentent dans leur contenu et leur forme aux réminiscences proustiennes. Du chapitre IX au chapitre XVI de *Maggie Cassidy*, le romancier raconte une journée type de la dix-huitième année de Jacky Duluoz (Jack Kerouac). Tout s'y retrouve de ce nouveau Combray, réel et imaginé, qu'est le Lowell de son adolescence : la topographie symbolique, sa famille, l'école, le groupe de jeunes gens, les jeunes filles (en fleurs) et surtout Maggie. À la manière de Proust, Kerouac observe, voit, décrit et rapporte. Son expérience devient privilégiée au point où le narrateur substitue le temps présent des verbes au temps passé, franchissant ainsi le seuil qui sépare celui qui raconte de celui qui agit. Comme Proust, il raconte un monde, un univers humain qu'il a perdu et qu'il cherche à ressusciter, à faire revivre par la mémoire involontaire. La fin de l'histoire est aussi un échec annoncé : « J'allais voir maintenant jusqu'où allait mon amour pour Maggie. Pas très loin » (*Maggie Cassidy*, 189). D'où la nostalgie, la sensation d'aigreur que donne le sentiment du temps qui passe et que le narrateur voudrait retrouver, ramener à lui. « Les petits paradis prennent leur temps. Les petites fêtes ont une fin », dit-il (*ibid.*, 186). Mais il lui est difficile de réussir dans cette récupération du temps perdu et la fin est toujours brutale. Le roman se termine par un claquement de porte et le départ en état de folie : « Elle lui rit au nez, il claqua la porte, ferma les lumières, la raccompagna chez elle, retourna au garage en pestant, roulant comme un fou dans la neige fondante, avec une terrible envie de vomir » (*ibid.*, 244). « J'ai perdu Maggie » (*ibid.*, 238), constate amèrement le narrateur. Dans *Les souterrains*, Léo soupire lorsque Mardou lui annonce qu'elle veut rester indépendante : « Et je rentre chez moi, en ayant perdu son amour » (*Les souterrains*, 190). C'est ce qui se passe aussi au terme de *Sur la route*. Mais cette fois, le romancier y exprime clairement cette intention, qui vaut pour toutes ses œuvres : « Écrire ce livre » (*ibid.*). Dans une sorte de cercle vicieux, la fin ramène au début, au dessein premier, écrire. La vie débouche sur l'écriture comme un remède ou une consolation. Au-delà de l'apparent désordre ou du fouillis, du flottement de la narration, un des caractères dominants des œuvres de Kerouac est précisément leur construction savante. Il s'était donné ce principe :

> Suis vaguement les contours dans un mouvement d'éventail sur le sujet, comme la rivière autour du rocher, de sorte que l'esprit soufflant sur le cœur-joyau (fais passer ton esprit dessus, *une fois*) parvienne à un pivot, où ce qui était forme obscure « commençant » devient « fin » nécessaire absolue et la langue se concentre dans sa course pour transmettre la course-temps de l'œuvre, suivant les lois de la Forme Profonde, jusqu'à la conclusion, derniers mots, dernière goutte – La Nuit est La Fin (*Vraie blonde et autres*, 25).

Big Sur servirait d'exemple de cette structure où le début du récit dépend de la fin qui lui donne son atmosphère et sa rigueur. Construit sur le thème de la retraite impossible, le livre s'ouvre sur les premiers efforts du narrateur, Jack Duluoz (Jack Kerouac), pour se retirer loin de la ville, loin du monde. Il y réussit et semble trouver la paix qu'il recherche. Mais déjà des signes lui indiquent que sa résolution va flancher ; la tentation de quitter sa retraite pour revenir aux plaisirs délaissés le tenaille. À la fin, il succombe et rentre à San Francisco où il retrouve ses amis. La seconde partie (à partir du chapitre XI) raconte ses orgies, ses beuveries, ses nuits amoureuses, cette folie qui le gagne et qu'il décrit avec une telle lucidité qu'elle gagne aussi ses lecteurs. La conclusion est exactement ce qu'il a dit : « La Nuit est La Fin ». Il quitte les amis, San Francisco, rentre chez sa mère et recommence sa vie à zéro, c'est-à-dire au moment de l'enfance :

> Le petit garçon grandira et deviendra un grand homme. Il y aura des adieux et des sourires. Ma mère va m'attendre tout heureuse. Le coin de ma cour où Tyke [son chat favori] est enterré sera un nouveau sanctuaire odorant qui rendra ma maison plus accueillante encore. Par les douces nuits de printemps, je resterai dans le jardin, sous les étoiles. Quelque chose de bon va venir de toutes choses. Et un bonheur éternel m'attend. Nul besoin de dire un mot de plus (*Big Sur*, 253-254).

Et c'est la fin, du roman et de cette Nuit que l'homme mûr quitte pour revenir chez lui, chez une mère accueillante, où il retrouve sous les étoiles de son jardin un printemps éternel, celui du garçon qu'il a été.

La même trame, les mêmes schémas de composition, les mêmes structures, résultent du fait que les romans de Kerouac sont tous, ou presque tous, autobiographiques. Il n'a jamais dévié sur ce point, transposant dans la fiction des événements et des personnages de sa propre vie. En prologue à *Big Sur*, il raconte que ses éditeurs lui avaient déconseillé d'attribuer les mêmes noms à ses personnages dans chacun de ses livres. Il songeait alors à les reprendre sous la forme d'une saga où chacun de ses héros retrouverait son nom. L'ordre de conception et de parution couvre toute son existence, et l'édition complète que Kerouac souhaitait faire donnerait lieu à « une énorme comédie, telle que l'a vue Ti-Jean (votre serviteur), connu également sous le nom de Jack Duluoz » (*ibid.*, 7), ce nom de Duluoz signifiant dans le dialecte franco-américain de Lowell « pou ». « J'ai l'intention, au soir de ma vie, de procéder à une édition complète de tous mes livres, en rendant à mes personnages le nom qui leur avait été destiné à l'origine. Je laisserai un long rayon bourré de livres et je mourrai content » (*ibid.*, 7).

Ses livres sont la reconstruction de sa vie[9] par une écriture personnelle :

1. *Visions de Gérard*, centré sur la figure de son frère aîné, mort très jeune, dont il a fait une sorte de modèle de sainteté, recouvre sa prime enfance (1922-1926) ;
2. *Docteur Sax*, personnage faustien, accompagnateur de ses années d'enfance et tuteur à la fois intelligent et malicieux (1930-1936) ;
3. *Maggie Cassidy*, celle qui durant son adolescence fut de ses premières amours (1938-1939) ;
4. *Avant la route* (*The Town and the City*), écrit de 1946 à 1948, première œuvre publiée (1950). Roman plutôt classique, qui se situe toujours à Lowell, et suit les étapes de l'adolescence du personnage principal, Peter Martin, le double de Kerouac (1925-1946), dont les quatre frères sont les différents aspects, à différents âges, de Kerouac lui-même (*Jack's Book*, 67) ;
5. *Vanité de Duluoz*, encore à Lowell, sa famille, ses amis de jeunesse, ses années d'étudiant et ses premières

rencontres littéraires, avec Burroughs et Ginsberg entre autres (1939-1946) ;

6. *Sur la route*, New York, San Francisco, Denver, Mexico, ses voyages à travers l'Amérique (1946-1950) ;

7. *Visions de Cody*, les équipées avec des amis d'un bout à l'autre du pays (1946-1952) ;

8. *Les souterrains*, New York, été 1953 ;

9. *Tristessa*, un mois à Mexico en 1956 et un autre de ses amours déchirantes ;

10. *Les clochards célestes*, 1955-1956, sur la côte Ouest ;

11. *Les anges vagabonds*, encore sur la côte Ouest, en Californie – où il travaillait, voyageait et vivait dans l'attente d'un éditeur pour *Sur la route* (1957) – et les voyages à Mexico et à New York, ainsi que celui en France et en Angleterre en passant par le Maroc ;

12. *Big Sur*, été 1960, en Californie ;

13. *Satori à Paris*, voyage en France et en Bretagne, avec retour par Londres, en juin 1965, en compagnie de Burroughs ;

14. *Visions de Cody*, (ouvrage posthume, paru en 1973) suite de *Sur la route*, entrepris selon une nouvelle méthode, avant de partir pour aller vivre chez les Cassady. Cody est toujours le Dean de *Sur la route*, il s'appelle alors Cody Pomeray, comme dans *Les clochards célestes*, *Les anges vagabonds*, *Big Sur* et *Books of Dreams*.

Tous les personnages sont, sous des noms d'emprunt, Kerouac lui-même, ses parents et ses amis. La plupart du temps, le personnage qui cache son nom sous le « Je » est Jack Kerouac lui-même, parfois, c'est un autre qui raconte. *Big Sur*, qui devait être le dernier dans la chronologie de la Légende des Duluoz, est, au dire de

Kerouac (*Paris Review*), la conjonction de ses trois styles : le style *sténographique* de *Sur la route*, le style *mystique* de *Tristessa* et la *confession démente* des *Souterrains*.

Par « sténographique », Kerouac entend l'emploi combiné de la sténographie et de la dactylographie, dont *Sur la route* a été le résultat. Mais comme il s'agit d'un style, on songe à une écriture abrégée et simplifiée, qui tente de reproduire les modulations et les inflexions de la parole, le langage parlé avec ses différentes vitesses qui épousent les changements, les déviations, les arrêts, les détours de la route. On pense aussi aux parties dialoguées de *Visions de Cody* dont Allen Ginsberg, dans son Introduction à l'édition originale, dit que ce « style de transcription de la bande adopté par Jack Kerouac est aussi d'une correction impeccable dans sa ponctuation syntaxique – séparation des divers éléments pour clarifier la lecture – dénomination des voix, parenthèses des interruptions. Un modèle à étudier » (*Visions de Cody*, 11).

Par « mystique », Kerouac renvoie au sens caché, au mystère, à la connaissance confuse qu'il a de sa vie, et que l'écrit doit révéler, rendre présent et signifiant. Malgré son caractère très circonstanciel, une description du mouvement *beat*, reprise des randonnées à travers l'Amérique, *Les clochards célestes* est un roman « mystique », une recherche de l'absolu, pour contrer le matérialisme de la vie et de la mentalité étatsuniennes des années 1950. Kerouac fait ici référence à *Tristessa*, une œuvre plus dramatique que narrative, qui plonge dans le cauchemar, les aventures nocturnes des bas quartiers, illuminés par une Tristessa idéalisée, comme l'était Maggie Cassidy, mais droguée, comme bien des partenaires des nuits de New York et de San Francisco. À la fois vierge et prostituée, saine et toxicomane, cette Indienne aux cheveux noirs et luisants est une figure exotique et érotique. Le terme « mystique », lui, renvoie aussi à une structure de récit fluctuante et relâchée qui cherche à déjouer le mystère de cette femme multiple, attirante et déchirante, placée entre son chaton et une image de la Vierge Marie.

Par « confession délirante », Kerouac montre que tous ses livres sont des « confessions » de ses fautes, de ses erreurs, qu'il ne considère pas comme telles mais comme appartenant à la vraie vie, de celles que d'autres cachent. Mais comme son existence a été dans tous les sens, autant du bien que du mal, elle a généré chez lui de l'agitation et de l'exaltation causées par des émotions, des secousses violentes. Philippe Lejeune a donné à son livre le titre de *Pacte autobiographique* qui désigne l'enjeu de toute écriture en soi : la fusion, dans une entreprise rétrospective, de l'auteur et du narrateur qui engagerait celui qui s'y livre à la plus objective sincérité. Il y a là plusieurs conditions : concilier le passé de l'être qui raconte avec celui qu'il fut ; observer une sincérité absolue entre l'auteur et celui qui lira, celui-ci étant partie de l'écriture. Chez Kerouac, la confession n'est jamais formelle, comme dans les *Confessions* connues, celles de saint Augustin et de Rousseau, par exemple. Il ne cherche aucune absolution, il n'essaie pas de se justifier, il ne recherche pas la cohérence. Ses retours dans son enfance, dans sa vie d'adulte, sont morcelés et ne demandent pas de la part du lecteur une identification. La confession, dit Kerouac, est « délirante », en ce sens qu'elle se veut un plaisir de raconter, cherchant une complicité émue ou sereine avec ses lecteurs, ses amis du moment, ceux qui viendront après. Il écrit pour donner un espace au temps, en l'abrégeant ou en l'allongeant, deux intentions similaires, d'après André Breton.

L'œuvre de Kerouac est une œuvre de mémoire, l'inscription de sa vie et de ses expériences dans les récits. Étant une mémoire vive, faite d'impressions, de sensations, de visages, de lieux, de scènes vécues, elle accumule et diversifie le temps passé, lui donne une discontinuité. Comme sa vie a été rapide, agitée et fébrile, l'auteur ne peut que la traduire avec la même vitesse qui suit l'aller et retour d'une machine à écrire. Mais elle n'en est pas moins un ensemble de faits, d'événements de ce « môme mémoire » (*Memory Babe*), surnom donné par ses copains au jeune Kerouac pour sa mémoire infaillible. Dans tous ses livres, Kerouac revient à son enfance comme à un moment idéal de paix et de bonheur tranquille, qui contraste toujours avec l'agitation de son existence débridée. Tout en se voulant bouddhiste, il se considère comme un étrange et fou mystique catholique, ce qu'il était dans son enfance. Sa mémoire obsessive le ramène sans cesse dans les lieux de son enfance, qui lui servent de racines. L'escapade de *Sur la route* ne va jamais dans un sens unique. Les grands espaces qu'il décrit, les couchers de soleil presque irréels, les femmes rencontrées et désirées, les accidents de parcours, les haltes interrompues par les shérifs, sont comme des parenthèses dans ce chemin du retour à la maison.

Si l'écriture veut être efficace, elle doit exprimer au plus près ces soubresauts, ces tressaillements, ces sursauts de la vie intérieure. Elle ne peut y arriver qu'en bouleversant les structures du récit traditionnel pour les rétablir dans d'autres plus appropriées aux besoins et aux nécessités de ces trois « styles » que l'on vient de décrire. Le style, au fond, n'est peut-être que l'oubli de tous les styles, de leurs forces comme de leurs faiblesses. En ce sens, Louis D. Bubin Jr constate que les romans de Kerouac « sont écrits avec un strict mais aussi un authentique sens du style, un talent pour l'acte de caractériser, une originalité certaine et indéniable[10] ». La fin de *Visions de Gérard*, où a lieu l'enterrement de ce frère idéalisé, représenté comme un saint, reste une étonnante conjugaison de la réalité et de l'écriture : « [...] le fossoyeur prend sa pelle et ferme le livre » (*Visions de Gérard*, 204).

CHAPITRE 5

Barde et peintre à la Pollock

Je m'amusais à écrire de petits poèmes à la manière d'Émily Dickinson, tels que :
Light a fire
Fight a liar
What's the difference
In existence ?

(Les clochards célestes, 133)

Un véritable haï-kaï doit être simple comme la soupe et cependant avoir la saveur de la réalité [...].

(Les clochards célestes, 60)

En un sens, je suis un farfelu comme Rembrandt [...] occupé à mettre de légères touches de ténèbres sur ses toiles.

(Les anges vagabonds, 10)

LE TITRE DE CE CHAPITRE est tiré d'un jugement de Norman Mailer qui reprend les critiques négatives de l'œuvre de Kerouac, rappelées dans le chapitre précédent, à savoir que l'écrivain n'est pas un romancier, pour ensuite tirer une valeur positive de son art de donner une grandeur à des exploits minimes ou sans grand éclat, de rendre les paysages et les êtres humains sous des traits inoubliables, transformant ainsi la réalité en symbole, la vraisemblance en surréalité. Mailer écrit :

> Kerouac manque de discipline, d'intelligence, d'honnêteté ; il ne sait pas toujours exactement ce qu'est un roman. Son sens du rythme est incertain et sa conception des personnages, inexistante. Il est prétentieux comme une riche pute et sentimental comme une sucette. Et pourtant je pense qu'il a beaucoup de talent. Son énergie littéraire est énorme. Dans ses meilleurs moments, son amour de la langue a une force d'extase. Pour mieux le juger, il faut oublier qu'il est romancier et le voir comme **un barde ou un peintre à la Pollock**[1].

Les derniers termes de ce jugement nomment deux aspects de l'art du récit chez Kerouac : le barde et le peintre, mais un peintre à la Pollock.

1. Un barde

S'il est un barde, c'est qu'il est davantage poète que romancier. Et le barde dans l'histoire de ce genre a deux fonctions : il célèbre les héros et leurs exploits, donc il est un poète héroïque ; mais aussi, il sait chanter ces faits glorieux, comme le barde ancien qui s'accompagnait alors d'un instrument de musique, il est donc aussi un poète lyrique. On n'a peut-être pas beaucoup insisté sur ces aspects, bien que Kerouac ait aussi publié des recueils de poésie, comme ses amis poètes, Burroughs, Ginsberg, Ferlinghetti. Mais Mailer a raison de parler de son art comme de celui d'un barde ancien qui donne de grandes dimensions à des faits parfois peu glorieux, les siens et ceux de ses amis, et qui sait les exprimer à la manière des chants épiques.

Décrivant la crue de la rivière Merrimack, à Lowell, Kerouac laisse au docteur Sax le rôle de metteur en scène et de meneur de jeu. Mais c'est lui ou son personnage qui décrit cette crue en des termes poétiques qui lui donnent un caractère magique, à la fois dangereux et beau, et qui aboutissent à de vrais et longs poèmes de la nuit, car la crue s'accompagne des brumes et des noirceurs nocturnes. La rivière est comme un

> *ciel liquide dans son égout*
> *mange le roc*
> *mêle son goût*

qui se transpose dans un linceul de pluie :

> *Rose, rose*
> *rose la nuit, rose de la pluie*
>
> *Châteaux, châteaux*
> *querelles de châteaux*
>
> *Et la pluie et la pluie*
> *linceul sous la pluie (Docteur Sax, 175-178)*

Le docteur Sax apparaît là, au milieu du poème, comme un dieu hagard :

> *Sax est assis, enveloppé de son Linceul*
> *Il est soumis et il est fou (ibid., 179)*

Puis le narrateur reprend la parole, disant que ses « mots glissent et serpentent comme la rivière et quelquefois débordent ». Kerouac en revient toujours au Merrimack et à ses frasques du printemps (*ibid.*, 180). Dans le passage en question, on reconnaît la manière de Kerouac : le choix d'un événement (la crue), d'un moment (la nuit) et d'un lieu (le Merrimack) : ensuite, l'orchestration de cette scène de nature à l'aide d'une série d'évocations de sons correspondants (grondement de tonnerre, hurlements, mer en furie) et enfin l'ajout de couleurs (mer brune, eaux brunes, mousseline verte) qui contrastent comme ce qui se passe dans le réel. Le dernier de ces hommes faustiens (Last of the Faustian Men, *Mexico City Blues*, 36), qui en fait désignait Burroughs, est le personnage central du *Docteur Sax* qui se superpose aux réalités pour leur donner un sens mythique, celui d'une destinée :

> Le Dr Sax était debout sur la rive noire, sur un rocher surplombant le fleuve [...]. Le Dr Sax, sa cape serrée autour de son épaule, laissa échapper un rire que le tumulte des eaux ne permit pas d'entendre et s'approcha encore du bord. Maintenant, une crue apportera le repos, prophétisa-t-il [...] tandis qu'il se hâte vers sa cabane de Dracourt Tigers – un pin solitaire se dresse au-dessus de sa demeure en forme de cercueil dans laquelle, en claquant la porte, il disparaît comme l'encre dans une nuit noire d'encre, son dernier éclat de rire s'effrange jusqu'aux oreilles suspectes, dans la nuit de mars (*Docteur Sax*, 173).

Kerouac voulait à dessein donner une suite au *Faust* de Goethe. Le personnage de Sax, docteur comme Faust, représente davantage Méphistophélès avec une cape autour de l'épaule et un rire qu'on ne peut entendre à cause du tumulte des flots, suivi d'un autre qui s'effrange jusqu'aux oreilles suspectes, donc sur lesquelles pèsent des soupçons. C'est bien cet être sombre et noir qui disparaît, en claquant la porte, noir comme l'encre par une nuit d'encre dans une cabane surmontée d'un pin solitaire en forme de cercueil. Méphistophélès agit à titre de médiateur entre la réalité quotidienne et un plan magique de cette réalité. Le narrateur, pour sa part, est prêt à pactiser avec ce personnage magique pour pouvoir goûter à la connaissance dans son absolu, ce qui le rapproche du personnage de Faust, humain qui renonce aux conventions morales au profit du Savoir. Beaucoup de ces éléments appartiennent au mythe de Faust, reconstitué, et rendu encore une fois par la couleur noire dominante et les sons de l'eau bouillonnante et du claquement de porte qui, associé à l'image du cercueil planant au-dessus de sa cabane, annonce un enterrement, une mise au tombeau.

Mais, tout de suite après cette mise en scène fantastique où, sur une « gigantesque Chenille [...] tanguaient des pièces de mousseline verte » (*Docteur Sax*, 180), le réel réapparaît :

> Seulement, ce n'étaient que des poussins, des poussins noyés qui garnissaient cette crête rugissante au centre du fleuve, l'écume grise, la boue de l'écume, les rats crevés, les toits des poulaillers, les toits des granges, les maisons [...]. Je restais là sur le bord du rocher (*ibid.*).

Ce passage de la description mythique à la représentation réaliste caractérise tout le roman. Le narrateur, celui qui dit « je », voit les choses et les gens dans leur réalité, même si celle-ci, comme il le dit, est un « spectacle terrible et effrayant », mais quand apparaît la figure de Sax, ce réel change, se hausse à un autre niveau, celui d'un irréel fantasmagorique. L'image du Serpent – la majuscule signale un être irréel, symbole du mal – clôt le roman comme pour rallier les deux plans de lecture : l'irréel, où il est désigné comme une « masse onduleuse de Serpent — arabesque qui bat l'air en tout sens comme un fléau sur les paradis imprimés de la vie des pauvres » ; puis le réel, où il est happé par un « grand oiseau noir [qui] descendit et le prit d'un seul mouvement puissant de la mâchoire et du bec, et le souleva avec un "crac" semblable à un lointain roulement de tonnerre, et le Serpent tout entier fut happé et tiré vers le haut, se débattant faiblement, dégouttant de sueur... » (*Docteur Sax*, 266). Cette image du Serpent participe aussi de l'imagerie toltèque de la fondation mythique de la ville de Tenochtitlan (Mexico). Selon le mythe, le site de la future capitale aurait été révélé aux Toltèques par l'image d'un serpent avalé par le bec d'un aigle. Le passage de *Docteur Sax* dont il est question reprend clairement cette imagerie et confirme le fait que le roman a été écrit à Mexico. Le docteur Sax est toujours là, mais il a changé : « il ne distribue plus que la joie ». Voyant la scène : « Nom de Dieu, dit-il avec étonnement. L'Univers se débarrasse tout seul de son mal » (*ibid.*, 267). Tandis que le narrateur, qui lui aussi a avancé en âge et évolué, écrit :

> Je repartis chez moi, au son des cloches parmi les pâquerettes ; je mis une rose dans mes cheveux. Je repassai devant la grotte, et vis la Croix au sommet de ce tas de rochers, vis quelques vieilles Canadiennes françaises qui priaient à genoux et montaient marche après marche. Je trouvai une autre rose, et mis une autre rose dans mes cheveux, et rentrai chez moi (*ibid.*, 267-268).

La fin réconcilie les deux plans du récit, mystique et réaliste, et les sublime dans une image d'Épinal ; la Croix et les roses amènent à un dénouement prévu dès le début où le narrateur décrit sa tâche : essayer de mieux se représenter l'image des « craquelures du goudron de ce trottoir de Lowell » et des « poteaux de la grille de l'Institut de Textile », mais aussi détacher son esprit de cette scène, s'élever au-dessus de celle-ci, à un autre niveau. Kerouac avait donc donné d'entrée de jeu son mode de narration, qu'il respecte tout au long du récit.

Les épisodes typiques de *Sur la route* sont ceux où ces bohèmes frénétiques achètent des voitures qu'ils bousillent, en volent d'autres qu'ils abandonnent au milieu des champs, conduisent des automobiles d'une ville à l'autre pour le compte de quelqu'un, ou encore font de l'auto-stop, à l'occasion voyagent en autobus ou à bord de trains de marchandises, comme Kerouac l'a raconté de façon plus systématique dans « le monde des trains » du *Vagabond solitaire* (59-120). L'écriture de ces courts récits passe d'une sensibilité délicate, poétique et touchante, à un ton rapide, comme emporté par les séquences de l'événement. Par exemple, un passage de *Sur la route* (24) décrit la traversée de l'Illinois, pour aboutir à l'Iowa, afin de voir en route, pour la première fois de sa vie, le Mississippi :

> Je montai d'abord sur un camion de dynamite avec un drapeau rouge, et roulai environ trente milles dans l'immensité verdoyante de l'Illinois, le chauffeur me montrant l'endroit où la Route 6, sur laquelle nous étions, croise la Route 66 [...]. Vers trois heures de l'après-midi [...] je vis une femme s'arrêter pour moi, au volant d'un petit coupé sport [...] c'était une femme entre deux âges [qui] cherchait quelqu'un pour la relayer au volant jusqu'en Iowa (*Sur la route*, 24).

La séquence est bien cadrée, avec un début et une fin : « Je montai d'abord sur un camion de dynamite... »,

« C'est là que la dame devait bifurquer vers chez elle, dans l'Iowa ; je la quittai ». Entre ces deux moments, deux autres : la route avec le livreur de dynamite, puis la dame qui le prend dans sa voiture comme chauffeur d'appoint. Les paysages parcourus et vus durant chacune de ces étapes diffèrent : d'abord, c'est l'Illinois, avec son « immensité verdoyante », où la couleur est vive, puis le reste de l'Illinois jusqu'à l'Iowa, avec le Mississippi « adoré, comme tari, sous la brume estivale, ses eaux basses entre les berges élevées qui exalte l'odeur crue du corps de l'Amérique ». La vue du fleuve se double d'une couleur plutôt sombre (le brun de la brume), d'une odeur de sciure et de chaleur, celle du soleil du Middle West. Mais ce qui ressort au final, c'est la métaphore de l'Amérique dont l'odeur crue serait celle d'un corps, celui-là même du fleuve Mississippi, avec ses eaux basses et ses berges élevées. En fait, il y a bien poésie dans ce court extrait, car Kerouac ne fait pas que raconter des choses qui arrivent, mais aussi certaines qui pourraient arriver, qui se produisent dans l'esprit du lecteur au moment de sa lecture. Le réel, ici, n'est pas poétique en soi, mais il génère ce que Baudelaire appelle « un autre monde ». Une évocation semblable se retrouve au retour de San Francisco :

> On arriva à Saint-Louis à midi. Je descendis me promener le long du Mississippi et j'observai les bois de flottage qui naviguent depuis Montana au Nord, les magnifiques troncs odysséens de notre rêve continental. De vieux bateaux à vapeur, avec leurs sculptures en volutes plus creusées encore et desséchées par les ans, stagnaient dans la boue avec leur peuple de rats. L'après-midi, de grands nuages recouvrirent la vallée du Mississippi (*Sur la route*, 127-128).

Le début du chapitre IV du *Vagabond solitaire* (121) décrit en trois pages ce « vaisseau de rêve » qui vient mouiller dans le port, et dont les longues vagues, à son départ, vont en faire « un serpent de mer tumescent ».

> Avez-vous vu un grand cargo glisser dans la baie un après-midi de rêve ? Et quand vous suivez du regard le serpent de fer, dans le sens de la longueur, à la recherche des gens, des marins, des fantômes qui doivent faire marcher ce vaisseau de rêve qui, si doucement, de son étrave d'acier, de son museau pointé vers les Quatre Vents du Monde, fend les eaux du port, vous ne voyez rien, personne, pas une âme.
>
> Et le voilà qui arrive, au grand jour, sa coque lugubre et triste palpite faiblement [...].
>
> Bientôt les premières longues vagues vont faire de ce bateau un serpent de mer tumescent, l'écume va se presser et se dérouler près de la bouche solennelle (*Le vagabond solitaire*, 121).

Tout dans ce passage renvoie hors du réel, avec cette allocution qui s'adresse à un destinataire absent, grâce à laquelle le narrateur est transporté, selon le texte, sur « la Passerelle [qui] peut pointer cette énergie incessante vers quelque Port de Raison, à travers de vastes mers solitaires et incroyables de démence ». La mention des manœuvres de l'accostage, du mouillage et de l'appareillage du départ mélange le réel et l'irréel, faisant appel au « hors du Temps », à « un voile de somnolence morne », au « ressac triste du monde ». Le lecteur passe d'un « vous » à un autre, qui reste le même en somme : « Soudain, vous vous rendez compte que vous regardiez de petites taches blanches... », puis c'est le « nous » du narrateur qui prend place : « Le vieux bateau vire dans notre baie endormie et retirée... » ; « à peine pouvons-nous distinguer le nom du bateau peint en lettres ternes sur l'étrave... ». Le bateau est bien au centre de cet univers, que tous les yeux regardent d'un point de vue ou d'un autre, chacun dans sa perspective d'observateur partial ou impartial, interpellé et délaissé.

Sur un mode plutôt ironique, Kerouac raconte qu'après plusieurs années où il n'a pas fait d'auto-stop, il y revient pour constater que la situation a bien changé, surtout le long de la côte touristique de la Californie. Plus personne ne lui donne un *lift*. Les longues voitures rutilantes passent lentement, de teintes pastel, roses, bleues, blanches. Leurs passagers sont de typiques Américains, mari, femme et enfants, crème glacée à la main. Il n'y a de toute façon aucune place pour l'auto-stoppeur et même le coffre arrière est plein de « dix mille valises de costumes et de robes bien nettes, impeccablement repassées et de toutes tailles » (*Big Sur*, 57-58). Il y a ici, comme le dit Quintilien, « une parole mordante accompagnée d'un rire malin » qui se moque de ceux dont il est question. On y rencontre la raillerie et l'ironie sous les formes de l'exagération, de l'accumulation des détails ridicules. Le narrateur établit ses distances par rapport à ceux dont il attend une aide, et assoit en même temps sa position à l'égard de ses lecteurs. La figure préférée de Kerouac, l'hyperbole, devient opérante à souhait en caractérisant de façon intensive la réalité, en l'exagérant grâce à un vocabulaire constitué de répétitions, voire de redondances : « millions d'enfants » ; « mille valises » ; « millionnaires » ; « toutes les couleurs de l'arc-en-ciel ».

2. Un « peintre à la Pollock »

Jackson Pollock (1912-1956) est la figure dominante du mouvement expressionniste abstrait, une branche de la peinture contemporaine qui pratique le figuratif et le non-figuratif. Influencé d'abord par les peintres muralistes mexicains, il a par la suite subi l'emprise des surréalistes, en particulier dans sa « peinture en action » (*action painting*) qui, par l'utilisation du déversement de couleurs sur une toile, sans utilisation de pinceau ou de palette, abandonne ainsi les conventions établies, en particulier celle de la présence d'un motif central. En ce sens, il poursuit la théorie surréaliste qui veut, par des moyens d'écriture automatique, exprimer directement ou révéler sans intermédiaire l'inconscient de l'artiste. Dans *Lavender Mist*, face à une toile de grande dimension faite selon cette méthode, l'œil est continuellement dispersé, rendu incapable de fixer une section particulière du tableau. Pollock a plongé ses mains dans le seau de peinture, qu'il a ensuite imprimées en haut à droite du tableau, comme le faisaient les peintres sur les parois des cavernes. Au lieu de signer de son nom au pinceau en bas à droite, il le fait de ses propres mains. Durant les années 1950, à l'époque de la Beat Generation, il était revenu à la peinture figurative et quasi figurative en noir et blanc, produisant aussi des tableaux dans une forme qui lui est propre, le *new all-over style*. Il était appuyé par les critiques d'avant-garde, mais aussi sujet aux sarcasmes des traditionnels qui le considéraient comme « le leader d'un style encore peu intelligible ». En 1956, le magazine *Time* l'appelait « Jack the Dripper », en français, Jack-la-Goutte.

Mailer n'avait sans doute pas tort de rapprocher Jack Kerouac de Jackson Pollock. L'*action painting* de Pollock s'apparente à l'*action writing* de Kerouac, comme le remarque Seymour Krim dans son introduction à *Desolation Angels* : « Les caractères essentiels étaient que Kerouac voulait "esquisser de mémoire" une "image-objet définie" plus ou moins comme le peintre voudrait travailler avec la vraie vie ; cette façon de faire une esquisse nécessitait un "continuel flot de mots idées provenant de l'esprit" comparables au souffle libre de l'interprète de jazz[2]. » L'art du portrait et de la description chez Kerouac a quelque chose à voir avec celui de Pollock, comme dans ses œuvres *Male and Female*, *The Moon-Woman*, *Stenographic Figure*, *The She-Wolf*, *Shimering Substance*, *Easter and the Totem*, pour ne nommer que quelques exemples.

a) Le portrait
Dans la narration, comme dans l'argumentation, le portrait est une figure macrostructurale de second niveau, c'est-à-dire un lieu susceptible de divers traitements, notamment par la combinaison d'autres figures. Souvent inclus dans la narration, mais aussi détaché d'elle, le portrait comme auxiliaire de la narration est alors destiné à illustrer un drame particulier, à situer un ou plusieurs éléments de l'action, à donner une couleur, une ambiance à la situation. En peinture, comme en littérature, il peut se suffire à lui-même ou servir à d'autres fins. Pollock ne représente pas une personne réelle de telle sorte qu'on la perçoive comme dans un dessin, une peinture ou une gravure. Dans *The Moon-Woman*, certaines lignes laissent penser à une

femme, que des objets d'une rondeur évocatrice de la lune soulignent. Chez Kerouac, plusieurs portraits de femmes ne sont pas nécessairement vraisemblables, bien qu'ils soient ressemblants. Dans ce cas, ils servent à distraire du réel, afin de faire sentir autre chose. Revenant vers Chicago avec la Cadillac d'un voyageur parti par le train, Dean fait une embardée. Un fermier vient sortir la voiture du fossé, « le pare-chocs complètement aplati ». Ses filles observent la scène sous la pluie, et la plus petite, la plus belle, la plus belle que Dean et le narrateur aient jamais vue, prend peu à peu la place centrale dans le tableau.

> Elle avait dans les seize ans et ce teint des Prairies âpre comme l'églantine et les yeux bleus, des cheveux adorables, et la pudeur et la vivacité d'une antilope de la brousse. [...] Elle était debout dans les vents géants qui soufflaient directement de la Saskatchewan et, tels leurs propres voiles, leurs boucles vivantes, bousculaient ses cheveux autour de son visage charmant. Elle rougissait et rougissait (*Sur la route*, 281).

Ce portrait change la situation du tout au tout, lui donne une valeur extraordinaire. Toutefois, ce n'est pas seulement la physionomie de la jeune fille qui prévaut, mais cette façon de rendre ses attraits par une série d'adjectifs (jolie, belle, teint âpre, yeux bleus, cheveux adorables, visage charmant), doublés de comparaisons (comme l'églantine, d'une antilope, tels leurs propres voiles) qui créent chez Dean et Sal un désir, les distrayant de ce moment de tracas. Cet « Ange de la Prairie » les suivra encore un moment, Sal disant à son compagnon : « Oh, une fille comme ça me fait peur [...]. Je plaquerais tout pour me mettre à sa merci et, si elle ne voulait pas de moi, j'irais tout simplement me jeter par la fenêtre du monde » (*ibid.*, 283). Il arrive parfois qu'un tableau ait fait une impression si forte sur un spectateur qu'il demeure indélébile dans sa mémoire et revient inlassablement le hanter.

Un autre portrait de femme, Rosie Buchanan, peint dans la perspective de Pollock, disparaît dans la foule de ces artistes, poètes surtout, qui paradent dans une soirée échevelée de San Francisco.

> Parmi les spectateurs se trouvait Rosie Buchanan, une rousse aux cheveux ras, maigre et belle, une vraie poupée, qui connaissait tous les gens de la Plage – elle avait posé pour plusieurs artistes et écrivait elle-même – ; ce soir-là, elle pétillait littéralement, tant elle était folle de mon vieux copain, Cody (*Les clochards célestes*, 19).

Durant cette même nuit de fête et de récitation de poésie, Japhy se détache de « tous ces futurs génies poétiques […] attifés de diverses façons, avec leurs vestes de velours râpées aux coudes, leurs souliers éculés, leurs bouquins émergeant de leurs poches » (*ibid.*, 18).

> […] Japhy portait des vêtements de travailleur manuel, achetés d'occasion dans une coopérative […]. […] dans son drôle de petit sac à dos, il avait aussi un curieux chapeau tyrolien vert qu'il mettait lorsqu'il rencontrait une montagne sur sa route […]. Il portait de coûteuses chaussures d'alpiniste qui faisaient sa joie et son orgueil, des godillots de fabrication italienne […]. Japhy n'était pas grand – à peine un mètre soixante-dix – mais il était fort, sec, nerveux et musclé. Son visage n'était qu'un masque triste et osseux, pourtant ses yeux pétillaient comme ceux des malicieux Sages chinois, au-dessus de son petit bouc, et ôtaient à son beau faciès l'aspect sévère qu'il aurait pu avoir (*ibid.*, 15).

Il s'agit d'un portrait en action, non pas d'un homme en général, mais d'un homme en particulier qui se distingue de tous les autres. On sent ici l'artiste, Kerouac, tendu tout entier pour capter l'essence du personnage, à tel point que sa propre personnalité se trouve en concurrence avec celle de son modèle. La suite du portrait permet de découvrir le narrateur qui fait part de ses accointances avec son ami Japhy et de leur commune « dévotion pour le même saint bouddhiste : Avalokitesvara, ou, en japonais, Kwannon aux onze têtes ».

Le portrait de la Mexicaine, de San José en Californie, beauté exotique et donc attirante, adopte une autre approche.

> [...] plus tard, dans la soirée, la belle petite Carmelita O'Jose va venir sur la route avec ses seins bruns dans son pull-over de cachemire, qui vont bondir, tout doucement, malgré son soutien-gorge de jeune fille, ses pieds bruns dans des sandales à lanières, brunes elles aussi, et ses yeux noirs, qui contiendront des fontaines dont vous vous demandez quelle peut être la folle signification ; et ses bras tels des bras de servantes dans la bible plutonienne – et des puisoirs pour ses bras, en forme d'arbres, avec du jus ; prenez une pêche, prenez l'orange flatteuse, faites-y un trou, prenez l'orange, renversez la tête en arrière et, de toutes vos forces, pressez-la, faites sortir le jus par le trou, tout le jus coule sur votre lèvre et sur le bras de Carmelita (*Le vagabond solitaire*, 113).

Ici, c'est une peinture à la Pollock avec ce mélange de figuratif, une image de jeune fille aux yeux noirs auxquels vous ne trouvez aucune signification, et de quasi-figuratif, qui fait passer la figure centrale à une recette de jus d'orange qui coule sur les lèvres de ce portraitiste invisible pour tomber enfin sur les bras de Carmelita,

« ces bras tels des bras de servantes dans la bible plutonienne ».

b) La description de scènes, de paysages, de situations
La description est le développement obligé de la narration dont elle est une modalité qui se présente sous la forme d'un morceau attendu, finalisé et codifié. Attendu, car le récit a besoin de mettre en scène non seulement les personnages (les portraits, dont on vient de parler), les événements et les actions/réactions, mais aussi les paysages, les décors, les scènes et les situations où ils se déroulent. Finalisé, car la description sert à soutenir l'intrigue, à la situer, à lui donner un contour, à la rendre plus prégnante. La description a aussi ses codes, un ensemble de règles et de préceptes que les manuels exposent et prescrivent à l'aide d'exemples tirés des « grands auteurs ».

Une scène d'un personnage qui peint, à la Pollock, mais avec un résultat différent, peut servir de description. Dans l'extrait suivant, le narrateur se fait peintre amateur, se donnant des façons non orthodoxes (déverser de la peinture sur la toile), que l'arrivée dans le tableau d'un élément étranger fait dévier de sa fin de représentation. C'est une transposition en littérature de la manière de Pollock : « Sur le plancher, je suis plus à l'aise, je me sens plus proche, davantage une partie de la peinture puisque dans cette posture je peux marcher en elle, travailler des quatre côtés et être littéralement "dedans" la peinture[3]. »

> Et moi, moi, agenouillé à même l'herbe dans la pénombre, je déverse ma peinture au vernis sur le papier et je souffle dessus jusqu'à ce qu'elle s'épanouisse et se mélange, ce sera

un grand chef-d'œuvre mais voilà qu'un malheureux moucheron atterrit dessus et s'y englue. Alors, pendant la demi-heure de crépuscule qui me reste, j'essaye d'extraire le petit moucheron de mon visqueux chef-d'œuvre, sans lui faire de mal, sans l'amputer d'une patte, mais en vain. Du coup j'abandonne et j'observe l'insecte qui se débat dans la peinture et je me dis que quel que soit ou pourra être ce chef-d'œuvre, je n'aurais pas dû le peindre en risquant la vie de ce petit moucheron. (Le lendemain, la peinture est sèche et le petit moucheron est mort. Dans quelques mois sa poussière se sera totalement dissipée.) (*Les anges vagabonds*, 211)

Il n'est pas dit si ce « chef-d'œuvre » aura son heure de gloire, car le but de la description est de ridiculiser ce travail qui d'ailleurs s'accorde bien avec le farniente et la gratuité de son auteur, plus préoccupé par d'autres choses que par l'art. La suite du texte le précise, mêlant peinture et écriture :

N'est-ce pas Fagan qui dans sa magique rêverie samapatti me l'a envoyé pour me montrer que l'art si sûr et si pur n'est ni sûr ni si pur que ça ? (Me remettant dans l'état d'esprit qui était le mien à l'époque où je troussais si prestement ces lignes, j'ai tué un insecte d'un coup de crayon étourdi, pouah...) (*ibid.*)

Le paysage sert de décor, de cadrage ou de reflet de l'action, il peut même compliquer l'intrigue, rendant les personnages dépendants des conditions et de la nature des lieux et des espaces. Voici un exemple du style spontané et libre de Kerouac tiré de la première partie de *Desolation Angels*, absente de la traduction française. Le voyageur passe par le Nouveau-Mexique et le Texas, et se passionne pour les rivières qui coulent au pied de montagnes couvertes de neige et que Thomas

Wolfe, note-t-il, a vues et décrites dans son style démesuré, épique, intarissable et contradictoire.

> Les rivières d'Amérique et tous les arbres et tous les rivages et toutes les feuilles sur tous les arbres et tous les mondes de verdure dans toutes ces feuilles et toutes les molécules de chlorophylle dans tous ces mondes de verdure et tous les atomes dans toutes ces molécules, et tous les univers infinis dans tous ces atomes, et tous nos cœurs et toutes nos chairs et toutes nos pensées et toutes les cellules de nos cerveaux et toutes les molécules et tous les atomes dans chaque cellule et tous les univers infinis dans chaque pensée – bulles et ballons – et toutes les lumières des étoiles dansant sur les vaguelettes des rivières sans fin et partout dans le monde, même en dehors de l'Amérique, vos Obis et Amazones et Urs je crois et lac de retenue congolais des Nils de l'Afrique la plus noire, et Ganges de Dravidia, et Yang-Tse, et Orénoques, et Plata, et Avons et Merrimacs et Skagits –
> Mayonnaise –
> Mayonnaise en boîte
> Dérive le long de la rivière (*Anges de la désolation*, 129).

L'écrivain fixe ici sa conscience sur l'objet à décrire, les rivières d'Amérique, qui le porte dans une sorte de transe rendue par les répétitions, « toutes ces feuilles... toutes ces feuilles... toutes ces molécules... », etc., jusqu'à faire disparaître le motif central au profit de cette dispersion dans les moindres détails qui aboutit à la rencontre des fleuves et rivières célèbres du monde. Après quoi, comme dans une chute inattendue et curieuse, ce sont les quelques lignes, placées en forme de vers, qui tombent dans le prosaïsme de ces boîtes de mayonnaise dérivant sur les eaux de la rivière. Comme dans une pirouette drolatique, le thème des célèbres rivières énumérées chacune au pluriel se transforme subitement en une rivière transportant des déchets. Ce sujet de description peut faire penser aux boîtes de soupe Campbell's du peintre Andy Warhol.

Tout au long de cet essai, le lecteur a pu lire des extraits qui présentent des situations de toute nature, drôles, tragiques, tristes ou gaies, ridicules, sordides même. Pour créer l'atmosphère de la journée libre d'un écolier, Peter Martin, de ce qu'il fera ou ne fera pas, du plaisir d'échapper à la contrainte de la classe, le romancier fait appel à la pluie qui devient ainsi la cause, mais aussi l'accompagnatrice de ces moments de liberté retrouvée. On retrouve un peu en raccourci la nouvelle d'Éric-Emmanuel Schmitt, « Une belle journée de pluie[4] ».

> Et que dit la pluie, la nuit, dans une petite ville, que dit la pluie ? Qui marche sous les branches mélancoliques et ruisselantes pour l'écouter ? Qui est là, mouillé par les millions de gouttes qui clapotent, à écouter la musique grave de la pluie la nuit, la pluie de septembre, la pluie de septembre, la pluie de septembre, si sombre et si douce ? Qui est là à écouter la pluie incessante qui rugit, qui est là à rêver, à écouter et à attendre, dans la nuit noire baignée par la pluie ? Que pensent les petits enfants quand il pleut sur le toit toute la nuit, sur les pignons et les tourelles ? Qu'écrivent les petits garçons dans leur journal ? Que dit le petit Mickey ce soir ?
>
> « Il a plu aujourd'hui. Pas d'école. J'ai joué dans ma chambre toute la journée. Charley et moi, on a joué à des jeux dans ma chambre ce soir. Il arrête de pleuvoir. » (*Avant la route*, 149).

Les questions posées au début, répétées à un rythme régulier, n'appellent pas de réponse, elles sont dans une certaine mesure purement « rhétoriques ». Mais elles permettent de créer une attente, de préparer une situation qui va répondre au besoin du récit, ici, une phase de cette histoire d'une famille nombreuse, à l'image de celle du romancier et des Franco-Américains, où les cinq enfants sont les protagonistes. C'est le moyen d'imprégner le texte d'une sorte de nostalgie romantique plutôt que de lui donner un caractère réaliste. Le personnage principal suit en gros la courbe de l'évolution de Kerouac, sous les traits de Peter Martin, et la scène finale se termine aussi sous la pluie, le jeune Peter se retrouvant seul, au bord d'une autoroute, en direction de l'Ouest, l'esprit rempli du souvenir de son père défunt, mais attentif aux promesses de l'Amérique.

Truman Capote disait de Kerouac qu'il n'écrivait pas, mais qu'il tapait à la machine. La critique déplorait à souhait le caractère brouillon et mal organisé de ses récits. Les quelques stratégies évoquées dans ce chapitre montrent au contraire qu'il faisait preuve d'une maîtrise des règles de la narration et répondait à une stylistique réfléchie. Toujours, le but ultime à atteindre était de laisser le verbe aller librement afin de préserver le jaillissement premier de l'inspiration. « Écrire à chaud » ne veut pas dire n'importe comment, ni sans but précis.

Chapitre 6

Le musicien de la prose américaine

> [...] *écrire : première entre toutes les choses* [...]
>
> (Sur la route, 15)

> *Si possible écris « sans conscience en semi-transe ».*
>
> (« Principes de prose spontanée », Vraie blonde et autres, 25)

> *Je veux être considéré comme un poète de jazz soufflant un long blues au cours d'une jam-session un dimanche après-midi*
>
> (Mexico City Blues, 15)

ALLEN GINSBERG parle de Kerouac comme « du plus grand Trompettiste de la Prose américaine[1] ». Selon lui, il n'est pas seulement un orchestrateur de pièces verbales qui sonneraient comme de la musique, mais il serait semblable à un des membres le plus éclatant d'un orchestre de jazz, le trompettiste. Et aussi, un trompettiste solitaire qui, ajoute Ginsberg, « retrouva le Cœur et l'Ivresse sacrée du Bouddha ». Ginsberg, toujours, reconnaissait dans les romans de Kerouac, « la densité de la poésie, la beauté de la poésie, mais surtout ce rythme élastique soutenu, courant du début à la fin de la ligne, et qui chutait *pile*[2] ».

Ce chapitre boucle la boucle et fait la synthèse de Kerouac voyageur orienté vers les zones spirituelles de son être, de ses amis, vagabond volontaire qui transmet à souhait dans une prose sonore ses moments de découverte de soi, du monde extérieur et intérieur, écrivain polymorphe et polyphone, hybride et métissé. On l'a vu, Kerouac a senti de façon confuse mais profonde les fondements de la vie américaine de son temps, sereinement tourmentée et follement sage. Dans cet univers orienté vers le profit, la possession, le gain, la respectabilité, il a préféré le rien, la privation, la perte d'estime d'autrui. L'insulte lui était aussi familière qu'indifférente et il n'en a jamais fait grand cas. Puisqu'il vivait de peu, il vivait beaucoup. Et il aimait la vie, du moment qu'elle ne laissait pas de place à des solutions toutes faites.

La musique de la prose de Kerouac est un élément formel qui sert à exprimer quelque chose d'*autre*. Non plus le fond et la forme, comme on l'entendait, à savoir un vêtement habillant un corps, mais plutôt une nudité rendue plus sensible par les scintillements d'une lumière, en l'occurrence de sonorités vibrant autour d'elle et sur elle. De telle sorte qu'on oublie le corps nu pour s'attacher à ce qui l'entoure et le met en valeur. Valéry explique que « la composition musicale […] exige la traduction en *signes d'actes* (qui auront des sens pour effets), d'idées mélodiques ou rythmiques qui se détachent de l'"univers des sons" considérés comme "désordre" — ou plutôt comme ensemble virtuel de tous les ordres possibles, sans que cette détermination particulière nous soit, en elle-même, concevable. [...] l'esprit du musicien se trouve, en quelque sorte, dans un seul système de possibilités ; l'état musical lui est donné. S'il se produit une formation spontanée, elle pose aussitôt tout un ensemble de relations avec la totalité du monde sonore et le travail réfléchi [...] consistera à exploiter les divers rapports avec le domaine auquel appartiennent leurs éléments[3] ». La musique de la prose sous-entend donc qu'elle est un arrangement de mots et de phrases fondé sur l'univers de l'expérience et des actes, un univers pratique qui se réduit à un ensemble organisé spontanément (ou non). Dans ce cas, elle s'appuie sur une série d'associations de résonances, comme en musique, qui produisent des effets sensoriels. L'union chez Kerouac de la prose et de la poésie, les deux liées à la parole comme conditions d'exécution, forme l'essentiel de sa prose. Elle se révèle tout entière ; elle rayonne, elle enveloppe, elle électrise. Ce sont là ses buts. Elle veut agir, faire bouger, transformer. Au bout de sa lecture, le liseur devient un auditeur qui se laisse porter par les rythmes et les sonorités du texte.

En fait, on le sait maintenant — et Robert Phelps le note justement —, Kerouac est en littérature ce qu'il y a de plus près de Louis Armstrong, en musique. Kerouac lui-même écrit que son style s'apparente à l'improvisation du musicien de jazz. Cette forme musicale qu'Allen Ginsberg appelle *bop-prosody* était cultivée par toute la génération de Kerouac. Mais celui-ci apporte quelque chose de particulier et de neuf, ce que Dan

Wakefield appelle « son mouvement de jazz, sans haleine, une explosion de langage », ou encore « ce style démodé et légendaire qui parle debout tard dans la nuit[4] ». Sa prose est une sorte de mouvement perpétuel, ininterrompu, à peu près à la manière d'une mélodie de jazz qui ne semble jamais devoir s'arrêter et qui finit brusquement. Cette forme d'expression la plus pure est également la plus proche de l'expérience. Aussi Kerouac ne trouve qu'une façon de nommer cette nouvelle écriture : la « prose spontanée » ou en anglais *instant literature*, « Quelque chose que tu sens finira par trouver sa propre forme » (« Croyance et technique pour la prose moderne », *Vraie blonde et autres*, 21), précise-t-il. Le jazz a ce pouvoir de chercher sa forme qu'il trouve comme dans un moment d'extase. Dans une improvisation merveilleusement réussie « qui passe par le *crescendo* et le *decrescendo* » et donne suite à un « tumulte de notes, le saxo piqua le *it* et tout le monde comprit qu'il l'avait piqué. Dean se prenait la tête à deux mains dans la foule et c'était une foule en délire. Ils étaient tous en train d'exciter le saxo à tenir le *it* et à le garder... » (*Sur la route*, 245). Le travail de création verbale obéit aux mêmes mouvements, tout doit couler de source, en arriver à ce *it* qui reproduit la pureté de l'élan premier ou de l'inspiration. Comme Daniel Belgrad le note, la culture de la spontanéité se retrouve dans tous les arts, en écriture (Kerouac, Ginsberg, Leroi Jones), chez les impressionnistes abstraits, dans la danse moderne et improvisée (Merce Cunningham). En fait, même dans cette sorte de liberté apparemment totale, il existe toujours, dans le jazz comme dans l'écriture, une limitation venant soit du répertoire constitué ou du savoir-faire, soit de la mémoire des formes ou des œuvres consacrées. Sur ce dernier point, Kerouac fait souvent référence à des prédécesseurs qu'il n'a pas toujours lus mais qui l'ont mis sur ses gardes ou encore rendu plus attentif à ses propres tentatives. C'est de cette manière que Kerouac prétend donner forme dans ses livres de fiction à une confession sincère et innocente de soi-même. En effet, en se soumettant à cette discipline — car il s'agit d'une contrainte analogue à celle de se conformer à des règles prescrites — qui consiste à rendre l'esprit esclave de la langue, l'écrivain a plus de chance d'atteindre à la sincérité, de ne pas (se) mentir ou de ne pas biaiser pour mieux paraître. Ainsi, grâce à ce style, Kerouac atteint *sa* vérité ; il ne s'abuse pas en se confessant — toute son œuvre est une vaste confession publique, d'où son américanité —, car son art prend le dessus sur l'aveu de ses erreurs ou la relation de sa vie. En ce sens, les défis qu'il se donne garantissent l'authenticité de ses écrits. Comme le jazz, l'écriture est une quête de l'absolu.

Dans son ouvrage *The Culture of Spontaneity*, Daniel Belgrad montre qu'il y a des liens très étroits qui se sont tissés durant les années 1940 et 1950 entre des créateurs de tous les arts. Des peintres comme Wilhelm de Kooning et Grace Hartigan, un céramiste, Peter Voulkos, des jazzmen, Charlie Parker et Thelonious Monk ouvrent des voies vers la spontanéité dont le be-bop sera l'exemple le plus éclatant. L'auteur lie avec finesse et à-propos les vies, les idées, le travail et le jeu de ces artistes. Tous se retrouvent dans « cette volonté d'explorer et d'enregistrer cet art spontané de création[5] ». L'exemple du trompettiste Charlie Parker colle à

Kerouac à la fois par sa vie et par son style d'écriture musicale. Quand il fait du be-bop un succès avec Thelonious Monk, pianiste, Dizzy Gillespie, trompettiste, Charlie Christian, guitariste et Max Roach, batteur, il lui donne sa marque. Dans ses interprétations, il développe des harmonies incroyables et bouleverse les codes d'improvisation du jazz. Il réunit tous les caractères de l'écriture de Kerouac, la spontanéité, la créativité, l'exécution et l'improvisation.

Sur la route est un modèle de cette prose spontanée mais aussi maîtrisée. Sa construction adopte le mode des *Choruses* de *Mexico City Blues*, une suite de « chœurs symphoniques » dont la musique s'accompagne de rythmes de jazz qui lui donnent un caractère frénétique. Comme le Noir a trouvé dans sa musique propre un moyen d'exprimer sa condition d'esclave[6], de même Kerouac traduit dans le rythme et le mouvement de sa phrase, calqués sur ceux du jazz, sa philosophie et celle de sa génération, elle aussi en marge de la société, bannie même. « [...] les Noirs en Amérique sont exactement comme nous, nous devons les regarder en comprenant qu'ils sont l'exacte contrepartie raciale de ce qu'est l'homme » (« Début du bop », *Vraie blonde et autres*, 169). De même, dans « Principes de prose spontanée », renvoie-t-il sans cesse au musicien de jazz, comme à une référence obligée. Le langage doit couler, « *soufflant* comme un musicien de jazz » ; les phrases, non séparées par des points, mais par quelques points-virgules ou de timides virgules, ne seront ponctuées que par de vigoureux espaces séparant le souffle ou la respiration de l'auteur, « comme un musicien de jazz reprenant son souffle entre les phrases expirées » (« Principes de prose spontanée », *Vraie blonde et autres*, 23). L'écrivain ne doit pas chercher l'expression juste, mais la laisser venir par le jeu de libres associations de l'esprit. Aucune discipline, si ce n'est celle de s'ouvrir au rythme lui-même qui sourd de l'exaltation suscitée par les choses et les événements. La grande loi est de ne jamais commencer par une idée préconçue et surtout de ne pas revenir en arrière pour se donner le mal, non nécessaire, de réécrire et ainsi de trahir le flot initial dans sa nudité et sa vérité premières. À ce propos, *Sur la route* est l'illustration de ces principes. L'œuvre est venue d'une seule traite, elle a coulé de source, même si elle a longtemps mûri. Son mouvement, adéquat, en ce qu'il convient à son objet, est déterminé par ce rythme particulier que Kerouac caractérise en le rapprochant de celui d'une longue improvisation de jazz. Sa vie dans tous ses états a épousé des mouvements correspondant à ceux du jazz, son écriture de même. Comme le dit François Ricard, on trouve ici l'illustration du « vécrire » dont parle le Galarneau du roman de Jacques Godbout[7] :

> Voulue, recherchée dès l'origine à la fois comme condition de l'écriture et comme exigence de vie, cette continuité (et la tension qu'elle provoque) est chez Kerouac la ligne de fond, la voie privilégiée de toute prise de conscience et de tout exercice de l'imagination[8].

Une page des *Souterrains* montre le résultat de ce processus personnel de création. Il s'agit d'une longue parenthèse, d'une seule phrase, où s'accumulent les réminiscences, les sensations, comme dans une sorte de délire verbal et d'écriture automatique. Voici le début et la fin, entre parenthèses, de ce long paragraphe ponctué de virgules :

(Et Charles Bernard, l'immensité de ce nom dans la cosmogonie de mon cerveau, un personnage du passé proustien dans l'intrigue telle qu'elle m'était connue, dans un chapitre Frisco-seul, Charles Bernard qui avait été l'amant de Jane, Jane qui avait été tuée à coups de revolver par Frank, Jane avec qui j'avais vécu, la meilleure amie de Marie, les froides nuits pluvieuses d'hiver quand Charles traversait le campus en faisant un mot d'esprit [...], alors je m'étends dans le noir voyant aussi, en entendant aussi, le jargon des mondes futurs —damajehe eleout eckeke dhdkdk dldoud, – d, ekeoeu, dhdhdkehgyt – mieux vaut pas un plus que lther sinon le macmurphy [...] baseaatra – pauvres exemples à cause des exigences mécaniques de la dactylographie, du flot des sons ruisselants, mots, obscurité, qui mènent à l'avenir et témoignent de la folie, du vide, du tintement et du grondement de mon esprit qui béni ou non béni est là où les arbres chantent – dans un drôle de vent – un mot suffit au sage – « Intelligent devenu dingue », a écrit Allen Gisnberg.) (*Les souterrains*, 76-77).

Ce passage ressemble à certaines des parties des *Illuminations* où Rimbaud (que Kerouac connaissait bien) remonte à l'origine première de la création, son moi, la « cosmogonie de mon cerveau », « le tableau lumineux de mon esprit », « le grondement de mon esprit », cet esprit traversé par « des visions de mots superbes en ordre rythmique tous dans un gigantesque livre d'archange », le tout aboutissant à ce sonnet des voyelles et des consonnes qui donne naissance à un langage nouveau non seulement intraduisible mais non reproductible à cause des « exigences mécaniques de la dactylographie ». Ce que Kerouac appelle l'« image-objet », à la fois source et sujet des « indescriptibles visions de l'individu » qui commande le mot, image ou idée, ressemble fort à cette « magie suggestive » dont parle Baudelaire[9], qui contient l'objet et le sujet, le monde extérieur et l'artiste lui-même. La démarche consiste en un « retour vers l'Éden perdu[10] » et aboutit à un Absolu ou à un Soi complet et total, une façon pour l'artiste d'expliquer le monde dans lequel il vit et dont il est une partie vivante et réfléchissante.

Ce type d'écriture, intelligent et dingue à la fois, Kerouac l'a trouvé chez Ginsberg mais aussi chez Burroughs. À Tanger où il voyage avec lui, ce dernier cherche à retrouver par l'écriture l'Amérique. Kerouac le décrit ainsi : « Burroughs, génie démentiel, tapait, échevelé, dans sa chambre qui s'ouvrait sur un jardin, les mots suivants : – Motel Motel Motel la solitude traverse le continent en gémissant comme le brouillard au-dessus des fleuves calmes et huileux qui envahissent les eaux de la marée... » (*Le vagabond solitaire*, 201). Le portrait qu'il en fait sous le nom de Old Bull dans *Sur la route*, est celui d'un « type indéfinissable [...] son masque dément, décharné, empreint d'une jeunesse insolite, un pasteur du Kansas couvant des ardeurs exotiques, prodigieuses, et des mystères » (*ibid.*, 179). Il apparaissait comme un « professeur [...] fondé à enseigner car il passait tout son temps à apprendre ; et les choses qu'il apprenait étaient ce qu'il jugeait être et définissait comme "les faits de la vie", dont il s'instruisait non seulement sous l'empire de la nécessité mais parce que c'était son goût » (*ibid.*, 177). On peut imaginer les deux écrivains comme des déments, des forcenés, fabriquant des livres dans lesquels il n'y a ni fiction, ni organisation véritable, ni plan, mais ce que Ralf Gleason appelle « a litany of jazz[11] ».

Les prises de position de Kerouac sont sans doute à l'origine des confusions sur ses intentions réelles et des orages qui se sont accumulés sur sa personne. Elles sont loin d'être des fumisteries, les apologies d'une paresse intellectuelle ou d'un relâchement de style correspondant à la licence des mœurs dont on le caractérisait, lui et la Beat Generation. Au contraire, il s'agit plutôt d'une affirmation de l'unité de sa personne, de sa vie et de sa vocation d'écrivain. Autant il a condamné le conformisme, l'uniformité et l'artificiel de la société et de la pensée étatsuniennes, ou encore les formules toutes faites pour expliquer les fausses nécessités de la vie, autant il a rejeté les conventions, les règles, les restrictions malthusiennes des intellectuels, des théoriciens de la littérature et des critiques littéraires. « […] j'en ai franchement marre de la phrase anglaise conventionnelle qui me semblait tellement figée dans ses règles » (« Le dernier mot », *Vraie blonde et autres*, 119). Il n'avait rien d'un disciple, il haïssait d'instinct ce qu'il appelle la tradition, entendue au sens de soumission à des dogmes morts. Il en a surtout contre la faune des universitaires qui s'étonnent de voir entrer dans leurs facultés des gens authentiques comme lui et les siens, « les universités, précise-t-il, n'étant pas autre chose que des écoles de dressage pour les représentants de la classe moyenne, dépourvus de personnalité, comme ceux qui peuplent les rangées de bungalows, cossus, alignés aux abords de la cité universitaire […] » (*Les clochards célestes*, 42).

Au terme de sa réflexion, il y a cette vérité que l'individu est intraduisible (« la vision inexprimable de l'individualité[12] »), que, pour tenter d'en rendre quelques éléments signifiants, il faut passer par soi (« Écris ce que tu veux sans fond du fond de ton esprit »), que la vraie histoire du monde se dit dans un monologue intérieur. C'est ainsi que l'œuvre d'art devient vraisemblable, naturelle et réaliste. L'objet est dans l'esprit avant d'être dans la réalité, comme on le constate dans la peinture où le dessin précède le paysage, la tasse de thé ou le visage d'un vieillard ; l'objet est dans la mémoire où il devient l'esquisse du souvenir d'une image-objet[13]. Tout préexiste dans l'humain et la tâche de l'écrivain est de faire surgir de l'esprit et de la mémoire ce quelque chose d'informe qui prend corps par l'écriture, dans cette transcription presque mécanique – altérée le moins possible – de l'inconscient. Kerouac formule ainsi cette loi :

> Si possible écris « sans conscience en semi-transe » (comme Yeats à la fin dans la « transe-écriture », autorisant l'inconscient à admettre dans son propre langage sans inhibition et nécessairement intéressant […] et écris dans l'excitation, rapidement, avec des crampes de la main ou de la machine, en accord (depuis le centre jusqu'à la périphérie) avec les lois de l'orgasme, la « conscience nébuleuse » de Reich, *Viens* du dedans, dehors – vers ce qui est relâché et dit (*Vraie blonde et autres*, 25-26).

En somme, se laisser porter par le flot, suivre le mouvement de « libre déviation » ou d'association involontaire qui se produit naturellement dans l'esprit. C'est ce qu'il nomme encore « écrire profondément » : « […] écris à la même profondeur, pêche aussi profond que tu veux, fais-toi d'abord plaisir, puis le lecteur ne peut manquer de recevoir le choc télépathique et l'excitation du sens selon les mêmes lois qui opèrent dans son propre esprit d'homme » (*Vraie blonde et autres*, 24).

Le seul obstacle à surmonter pour arriver à cette disponibilité, source et origine de tout travail de création, c'est l'inhibition littéraire. Pour la vaincre, Kerouac conseille à l'écrivain de plonger dans l'océan des idées, dans la mer de l'anglais, sans autre discipline que les rythmes de la respiration, « comme un poing abattu sur une table à la fin de chaque énonciation, bang ! » (*Vraie blonde et autres*, 24.). Plus explicitement, il donne comme condition essentielle de la prose moderne de se débarrasser de tous les interdits, de nature grammaticale et syntaxique. Ce qui veut dire que la ponctuation pourra être erratique, que les phrases s'étireront, s'étaleront longuement, qu'au fil des associations, les répétitions seront nombreuses, qu'enfin le monologue donnera lieu à un flot continu, comme dans l'improvisation de jazz, précisément. L'auteur doit se laisser aller au gré de ses émotions, de ses souvenirs, devenir excité par sa méditation et être porté par le courant de sa fébrilité même. Il écoutera le parler de tous les jours aussi bien que le langage poétique, mêlant tout, le slang et les termes linguistiques savants. Car rien ne doit interrompre le débit. « Pas de pause pour penser au mot juste mais l'accumulation enfantine et scatologique de mots concentrés jusqu'à ce que la satisfaction soit atteinte » (*ibid.*). L'écriture consiste à esquisser ce qui existe déjà dans l'esprit. Aussi ne faut-il pas penser aux mots mais bien plutôt regarder le tableau qu'il faut peindre. Le but à atteindre est de proposer au monde, au lecteur, une peinture aussi exacte que possible de ce qu'il a vu lui-même. Après cela, conclure avec Verlaine : Et tout le reste est littérature !

L'œuvre de Kerouac est poésie, si la poésie a pour but de transfigurer l'horrible ou l'insignifiante réalité quotidienne. De son livre *Le vagabond solitaire*, il dit que « sa dimension, son but, ce sont tout simplement la poésie, où encore la description naturelle » (*Le vagabond solitaire*, 12). Très tôt il a senti que son existence allait le sortir des voies ordinaires, que sa mission serait de révéler le secret de ces existences d'hommes et de femmes qu'il appelle les « affranchis américains des années 1950 » (*Les souterrains*, 39). Son œuvre n'est pas que la satire de la vie banale de tous les jours, elle est encore la recherche du bonheur, en particulier celui de l'enfance, si tôt et trop tôt perdu. Seule la poésie peut le retrouver, le faire revivre. Sa définition du bonheur confirme cette démarche poétique : « Le bonheur consiste à s'apercevoir que tout est un grand rêve étrange » (*Le vagabond solitaire*, 58). Il n'a jamais voulu faire de la « littérature » et il s'est moqué, parfois de façon excessive, des maniaques de l'art qui perdent de vue le sens caché et le mystère des choses et des êtres. Dans *Les souterrains*, il raconte qu'un soir, en attendant son amie Mardou, il était chez elle et lisait quand un jeune écrivain, John Goltz, est venu emprunter des cigarettes.

> Voyant que j'étais seul, il a voulu parler de littérature – « Eh bien [dit-il], je pense que ce qu'il y a de plus important c'est de savoir choisir » […] j'ai explosé et dit : « Ah j'en ai marre de tout ce baratin pour classes secondaires, je l'ai entendu ressasser depuis avant votre naissance presque, nom de Dieu, et vraiment maintenant, tâchez de dire quelque chose d'intéressant et de neuf sur la littérature » (*ibid.*, 131).

Pour Kerouac, il n'y a de poésie que si l'écrivain atteint aux détails vrais qui sont « la vie des choses ». Il le répète sans cesse, comme un leitmotiv :

> [...] passons aux détails qui sont la vie de l'événement (*Les anges vagabonds*, 11).
> [...] le détail est la vie des choses (*Les souterrains*, 102).
> [...] les détails sont la vie de la chose (*ibid.*, 106).
> [...] ce sont les petites choses qui ont de l'importance (*Big Sur*, [...] 45-46).

Les poèmes qu'il a insérés dans son œuvre de prose sont pleins de ces détails vivants, de ces petites choses dont l'importance se remarque au regard du reste du récit. Il avait la manie des détails au point de les accumuler, de les répéter, afin d'attirer l'attention sur ce qu'ils traduisent, le trouble de l'âme, l'angoisse, l'anxiété ou encore les tentations constantes auxquelles il faut résister. Les livres de Kerouac sont un long poème sur la déchéance et sur la mort, sur l'espoir et l'espérance d'un monde meilleur, sur le bonheur d'ici-bas et celui à venir. Aussi cette narration poétique est-elle, comme bien des poèmes, malheureuse et souvent désespérée. Son amie Mardou Fox a sans doute raison de dire : « J'aurais préféré l'homme heureux aux poèmes malheureux qu'il nous a laissés » (*Les souterrains*, 22). Mais pour Baudelaire, auquel il est fait allusion dans ce passage, et pour Kerouac lui-même, les poètes ne peuvent jamais s'arrêter d'écrire pour dire leur condition souffrante, pour hurler leur malheur.

Aux faiseurs de théories, aux exécutants fiévreux, dont Kerouac donne comme exemple Randall Jarell, dont les poèmes « sont aussi beaux que ceux de Merton et aussi techniques que ceux de Lowell », et qui considèrent la poésie comme un art, Kerouac rétorque :

— L'art c'est l'art
— C'est-à-dire ?
— Que c'est artificieux. Comment votre âme artificieuse peut-elle se confesser artistiquement ?
(*Les anges vagabonds*, 97)

Et sur cette réplique, il enchaîne :

— Si je dirigeais une université de poésie, savez-vous ce qui serait gravé au-dessus de la porte ?
— Non, quoi ?
— Apprenez Ici que Science est Ignorance ! Ne m'échauffez pas les oreilles, messieurs ! La poésie traîne sur les grands chemins. Je le prophétise ! Je dirigerai des écoles en exil !
(*ibid.*, 97-98)

On pense à Rabelais et à son utopique abbaye de Thélème, conçue « au contraire de toute autre ».

Conclusion
Au bout de la route, la fin du périple

> *Un pécheur peut aller au Ciel*
> *S'il sert Dieu en tant que pécheur*
>
> (Mexico City Blues, 252)

> *Et moi, perdu dans les indicibles ténèbres*
> *mentales d'un scribe du XX*^{e} *siècle qui parle*
> *des âmes* […]
>
> (Les anges vagabonds, 219)

> […] *la « nouvelle génération »* […] *entraînée maintenant comme nous tous dans la Tristesse Intellectuelle et Européenne de nous tous* […]
>
> (Les souterrains, 39)

Tous les hommes n'ont pas le bonheur ou le malheur d'être identifiés à leur génération au point d'en devenir un prototype exemplaire. Jack Kerouac est de ceux-là et c'est l'infortune plus que la satisfaction qui a accompagné sa renommée. Être appelé « le roi des beatniks » et l'être en réalité, et surtout devoir à tout prix le rester pour ne pas trahir la légende, ce fut pour lui une vocation redoutable et parfois un destin tragique. Les lamentations de la fin de sa vie le prouvent.

> Si je suis venu passer l'été à Big Sur, c'est précisément pour échapper à ça. C'est comme ces cinq collégiens pathétiques qui sont venus à ma porte un soir, à Long Island, arborant des blousons sur lesquels il y avait écrit : « Clochards célestes » ; ils me croyaient âgé de vingt-cinq ans, à cause d'une coquille sur la couverture d'un livre, moi qui pourrais être leur père (*Big Sur*, 128).

En réalité, il n'est pas de ces êtres qui ont besoin qu'on leur coure après, il était le moins agité des hommes, le plus amoureux de silence et de retraite, un solitaire égaré dans une foule hystérique, ne tolérant à ses côtés que les rares amis capables de lui apporter un enrichissement intellectuel et spirituel. Sa vie et son existence l'ont conduit, malgré lui, à entrer dans un tourbillon, un remous, qui contredisait sans cesse sa nature profonde. Au moment où il pensait enfin trouver le repos, des importuns et des curieux (journalistes, jeunes dévoyés, reporters de revues à scandale) le poursuivaient en quête de révélations sur sa vie privée, ses amours, celles de ses compagnons de route. Bon gré mal gré, le plus souvent contre son gré, il se soumettait à des interviews, affrontait les caméras de télévision qui, raconte-t-il, lui clouaient le bec. La présence du public, loin de l'exciter, le laissait béat ; il bégayait comme un jeune homme qui, pour la première fois, se trouve en face d'un auditoire et subit son premier trac. Sa consolation était de s'imaginer seul, dans une chambre douillette ou dans une cabane isolée au sommet de la montagne, avec sa machine à écrire, une solitude qui parfois lui pesait (*Les souterrains*, 24). Kerouac est un être de contradictions. Sans doute son métier d'écrivain, ou mieux encore l'acte d'écrire, était-il pour lui une sorte de purgation, une catharsis.

Pendant sa vie publique, depuis la publication de *Sur la route* (1957) surtout, il a joué un rôle pour lequel il n'était pas fait, ni préparé. Comme il le dit d'un de ses personnages, un Canadien français comme lui, il eût mieux valu fuir cette maison des beatniks et aller vivre dans un ranch, loin de la civilisation (*Big Sur*, 87). Mais il n'est pas toujours possible de fuir son destin, ni de se trahir soi-même. Par nature, il était indépendant, ennemi des conventions et de tout ce qui était rationnel. Sans cesse, il s'est laissé guider par son sentiment, ses intuitions, ses sensations. Le plaisir du moment présent retenait son âme et l'enchaînait. Aussi a-t-il suivi une route assez semblable à celle de Gide, passant par cette « porte étroite » qui s'ouvre sur des voies de traverse, différentes des chemins habituels. Durant son enfance, il mène en parallèle une existence quotidienne et une vie imaginaire, cette dernière qui supplante la première et à laquelle il s'alimente constamment. Ses fantômes prennent leur source dans la réalité de son milieu de Lowell, dont il transforme les habitants et leurs coutumes, les lieux, les événements. Le monde imaginaire du *Docteur Sax*, qui envoûte par son réalisme presque conventionnel et par une poésie faite de rêveries, d'illuminations et de fantaisie, est à ce sujet exemplaire. Kerouac nous avertit que pour connaître cet univers, le sien, il faut savoir départager le réel et l'imaginaire :

> Nul ne connaît l'autre côté
> De ma maison

Mon coin où je suis né,
  Guitares poussiéreuses
De ma pauv'e p'tite rue fatiguée
  Où mes petits pieds
Piétinaient et cajolaient
  Mes sœurs tandis
Que j'attendais le coucher de
  l'après-midi... (*Mexico City Blues*, 143)

Il a commencé à écrire très jeune et ce besoin devint impérieux, comme une sorte de vocation. « J'ai toujours considéré le travail littéraire comme ma mission sur cette terre » (*Le vagabond solitaire*, 11). Pourtant, il n'avait pas dans cette voie d'ambitions démesurées, ni même d'idéal très élevé. Il concevait le monde d'une certaine façon qui n'était pas celle des autres, ni celle qu'il avait lui-même sous les yeux. « Je me fais un devoir de prêcher la bonté universelle », ajoutant que les critiques hystériques de ses livres n'ont pas su déceler cette bonté naturelle à travers la frénésie de ses héros. « En fait, je ne suis pas un *beat*, mais un mystique catholique étrange, solitaire et fou [...]. » (*ibid.*) C'est la provocation de la critique officielle, littéraire et sociale, qui l'a poussé à prendre parti, à combattre et ainsi à rendre service. La course aux richesses, aux honneurs, à la réussite matérielle et professionnelle, a suscité chez lui et ses amis de la Beat Generation une révolte qui s'est révélée avec le temps une révolution. « Mon grief favori à l'encontre du monde contemporain ; les facéties des gens "respectables" qui, parce qu'ils ne prennent rien au sérieux, anéantissent les vieux sentiments humains, ceux qui sont plus anciens que le *Time Magazine* [...] » (*ibid.*) C'est ce monde qu'il qualifie d'« inimaginablement lugubre », perdu dans d'« indicibles ténèbres mentales » (*Les anges vagabonds*, 219), entraîné « comme nous tous dans la Tristesse Intellectuelle et Européenne de nous tous » (*Les souterrains*, 39). L'œuvre de Kerouac est une rébellion contre le bourgeois et ses valeurs que Sartre réunissait sous l'étiquette « salaud ».

Chez Kerouac, un idéalisme s'affirmait partout et avec la même ostentation, qu'il pouvait dépasser ou maîtriser :

> J'suis un idéaliste
>   Qui ai dépassé
>   Mon idéalisme...
> (*Mexico City Blues*, 49)

Il y a là une certaine façon de dire « non » à la société et de se tourner vers cette catégorie nouvelle d'hommes, à demi sauvages ou à demi civilisés, qui se nomment eux-mêmes des « saints déments », des « clochards célestes », des « anges vagabonds ». Ces nouveaux héros deviennent les repoussoirs de la civilisation de leur temps. Par les noms qu'ils se donnent, ils marquent bien leur non-appartenance au monde des collets blancs ou montés, des vestons sport tout neufs ou des casquettes à visière. Sous ces dehors « fashionables » se cachent la déchéance de l'âme et la décadence de l'esprit. Par leurs vêtements pauvres et déchirés, ils montrent leurs désirs de pureté, d'innocence et les vertus de l'amour, de la charité, de la fraternité, inspirées ou renforcées par le mysticisme bouddhique.

Ce qui semble avoir frappé Kerouac dans l'Amérique qu'il regarde avec des yeux qui ne sont pas tout à fait ceux d'un autochtone, c'est la beauté naturelle, sauvage et primitive du continent. Son œuvre en est le reflet le plus pur. Déjà, dans sa jeunesse, il embrasse le pays tout entier, marquant sa préférence pour la partie nord des États-Unis, d'où sont venus ses ancêtres. « J'errais dans les champs et le long de la rivière [le Merrimack] jour et nuit ; j'écrivais de petits romans dans ma chambre ; le premier, je l'ai composé à onze ans ; je tenais aussi de très longs carnets intimes [...] » (*Le vagabond solitaire*, 8). Durant ses études, il a lu voracement les auteurs américains et français, Mark Twain, Herman Melville, Sherwood Anderson, Jack London, Walt Whitman, Emerson, Rimbaud, Baudelaire, Proust, Céline. Il note ses premières influences littéraires : Saroyan, Hemingway, plus tard Thomas Wolfe (*Le vagabond solitaire*, 9). Il connaissait à fond les grands auteurs anciens et modernes, et surtout il avait l'intuition de son métier d'écrivain. D'abord, il savait où et comment se faire éditer, à quels milieux s'adressaient ses œuvres, d'où venaient les critiques et à quoi ou à qui ils obéissaient. Comme il n'ignorait pas l'institution littéraire, il pouvait écrire. Il s'était même donné un corps de doctrine, dont j'ai fait état dans la deuxième partie de cet ouvrage, ÉCRIRE. On n'a retenu que des stéréotypes, comme cette expression « littérature de l'instant » qui équivalait pour plusieurs à de l'improvisation, ou encore à une mécanique répondant au tic-tac d'une machine à écrire. Tel n'était pourtant pas son projet ou sa méthode d'écriture. Bien au contraire, il a défini en termes théoriques et pratiques son mode et ses critères de création littéraire, ainsi que les objectifs qui s'imposaient et les résultats à atteindre. En cela, il n'était pas un profane, mais bien plutôt un spécialiste à la fois de l'écriture comme telle et de la sienne en particulier. Il savait où il allait et comment y parvenir. Comme le dit Pierre Guglielmina dans une note à l'édition française de *Vraie blonde et autres*, « Parler en son nom, c'est fatalement briser, en soi et *avec des mots*, la barrière du langage. Kerouac évoque très largement, dans ses "Principes de prose spontanée", l'"accentuation shakespearienne du besoin dramatique de parler maintenant dans sa propre voix inaltérable ou de tenir sa langue à jamais". Sa liberté exceptionnelle au sein de la Beat Generation se manifeste dans cette conscience aiguë du fait que l'affranchissement des liens du langage passe nécessairement et singulièrement par une révolution du langage, une révolution des mots » (*Vraie blonde et autres*, 18).

Kerouac est un être de pulsions, d'émotions vives qui exigent pour leur traduction une écriture spontanée, *without consciousness*, comme il dit, sans inhibition littéraire, libérée des règles et codes imposés. De même, la lecture doit s'adapter à cette révolution du langage afin de retrouver cette « voix inaltérable » qui ne fait que « tenir sa langue ». Ce périlleux saut de langue demande une discipline, que Kerouac compare à celle de Jacob dans sa lutte avec l'ange. Le lecteur doit faire preuve d'autant de discipline pour correspondre à cet être, multiple, Kerouac, qui se présente comme « un être en orbite autour de son esprit ». Le conseil est donné par l'auteur lui-même : « Suis vaguement les contours dans un mouvement d'éventail sur le sujet, comme la rivière autour du rocher » (*Vraie blonde et autres*, 25). Écrire « sans conscience en semi-transe » suppose la même posture pour le lecteur qui s'intègre à cet état mental qui génère les structures de l'œuvre, la procédure et la méthode, exposées dans les « Principes de prose spontanée » (*Vraie blonde et autres*, 23-26).

C'est cet aspect que j'ai retenu comme essentiel. La première partie, VIVRE, reprend une matière assez connue, qui appartient à la vie ou à la biographie de Kerouac : son enfance à Lowell, avec ses parents, surtout sa mère, le milieu de cette ville industrielle et de ses habitants d'origine canadienne-française, son vagabondage et ses voyages à travers l'Amérique, son refus de la civilisation de son pays, orientée vers le confort de ses riches et de sa classe moyenne, ostracisant ses pauvres dont certains jugés suspects, ses aspirations à la retraite, ses problèmes personnels de drogue, d'alcoolisme, son attrait pour la mystique orientale. Mais l'important, qu'on a peu souligné, est la production littéraire comme telle, les formes, les codes et les stratégies d'écriture, et surtout les œuvres qui en ont résulté. Ces écrits de genres divers, qui traduisent une sensibilité, des préoccupations de toutes natures, et un tempérament d'écrivain, pour ne pas dire le génie d'une écriture personnelle, se laissent lire et produisent des effets de sens multiples. Il y a dans l'œuvre de Kerouac de l'inachèvement et de la perfection. Un roman, un poème, n'est jamais fini, celui qui l'écrit a toujours l'ambition de le parfaire, de l'améliorer. C'est ce qui a amené Kerouac à reprendre dix fois plutôt qu'une les mêmes moments de sa vie et de celle de ses copains pour leur donner d'autres formulations, un achèvement. La perfection reste toujours un désir, une aventure de l'esprit qui n'arrive jamais à sa fin. C'est lui-même que Kerouac cherche à travers ce personnage pluriel qu'il incarne d'un livre à un autre. Mis en face du Faust et Méphistophélès du *Docteur Sax*, le narrateur se trouve placé devant ce paradoxe d'un être double, malicieux et doux, ce qui confère à sa traduction dans le roman ce même caractère paradoxal, où l'inachèvement et la volonté de perfection restent des ennemis irréconciliables. Tous les récits de Kerouac font l'objet d'une réécriture et traduisent ce même dilemme : comment atteindre la perfection sans rester dans des tentatives, des essais, des projets. Sans croupir dans l'inachevé.

Mais le lecteur n'en a cure. Il voit l'œuvre comme pleine, accomplie, parfaite. Car le désir de rechercher un sens constitue pour lui l'une des motivations de sa lecture. La lecture comme l'écriture doivent chacune à leur manière chercher à explorer les profondeurs de l'être humain. C'est ce que le lecteur que je suis a fait pour satisfaire son besoin de savoir et pour connaître les ressources déployées par Kerouac dans son écriture et ses effets de sens. Dans toute activité comme celle-ci, il y a le texte, d'abord, indécidable, secret, rempli d'énigmes à déchiffrer, puis il y a l'exégèse qui permet de découvrir les codes, les modes d'emploi, les conditions de lecture de ces textes. Au terme de ce travail se trouve l'interprétation, dont on peut aussi s'abstenir, s'il s'agit simplement de réduire le texte, de l'aplatir. Mais si le secret n'est pas l'unique propriété du texte, le lecteur garde le pouvoir d'essayer de le percer, de lui trouver un sens. C'est ce qui fait que des œuvres durent, dont la présence demeure dans les mémoires, au point de devenir à la longue des clichés. C'est pour aller au-delà des stéréotypes, des lieux communs sur Kerouac et son œuvre que cet essai a tenté l'aventure et l'ouverture de ses textes.

Je choisis de conclure cet essai par un extrait de la fin du « récit en marge de mes textes » du roman de l'auteur québécois Sergio Kokis, *L'amour du lointain*. C'est l'histoire de deux activités créatrices, celles du romancier et du peintre, dont la fin s'exprime par des mots qui pourraient sortir de la plume de Kerouac :

> Tous ces tableaux, tous ces livres et toutes ces aventures n'étaient en fin de compte qu'une formidable route au long de laquelle j'ai appris à me reconnaître tout en me construisant comme il me plaisait de devenir. C'était une façon comme une autre de passer la vie ; mais c'était la façon qui me convenait le mieux et je ne la changerais contre aucune autre. Je crois qu'au lieu d'un péché original, j'avais une confusion originale, à partir de laquelle j'ai réussi à esquisser des significations relativement ordonnées, même si elles comportent d'immenses incohérences[1].

Bibliographie

Œuvres[1]

Avant la route (trad. Daniel Poliquin), Montréal, Québec Amérique, 1989 ; Paris, La Table Ronde, 1990 / *The Town and the City*, New York, Harcourt and Brace Jovanovich Inc., 1950.

Sur la route (trad. Jacques Houbart), Paris, Gallimard, 1960, préface de Michel Mohrt / *On the Road*, New York, Viking Press, 1957.

Les souterrains (trad. Marc Saporta), Paris, Gallimard, 1963 / *The Subterraneans*, New York, Grove Press, 1958.

Les clochards célestes (trad. Marc Saporta), Paris, Gallimard, 1963 / *The Dharma Bums*, New York, The Viking Press, 1958.

Maggie Cassidy (trad. Béatrice Gartenberg), Montréal, Québec Amérique, 1984 ; Paris, Stock, 1984 / *Maggie Cassidy (Springtime Mary)*, New York, Avon Books, 1959.

Mexico City Blues (trad. Pierre Joris), Paris, Christian Bourgois, 1976 / *Mexico City Blues*, New York, Grove Press, 1959.

Docteur Sax (trad. Jean Autret), Paris, Gallimard, 1962 / *Doctor Sax*, New York, Grove Press, 1959.

Tristessa (trad. Catherine David), Préface de Gérard Guéguan, Montréal, Québec Amérique, 1983 ; Paris, Stock, 1982 / *Tristessa*, New York, Avon Press, 1960.

« L'écrit de l'éternité d'or » dans *Sur la route et autres romans* (éd. établie par Yves Buin, trad. Jean Autret *et al.*), Paris, Gallimard, 2003 ; *The Scripture of Golden Eternity*, New York, Corinth Books, 1960.

Le vagabond solitaire (trad. Jean Autret), Paris, Gallimard, 1969 / *Lonesome Traveler*, New York, McGraw-Hill, 1960.

Pull Me Daisy, New York, Grove Press, 1961.

Le livre des rêves (trad. Anne-Christine Taylor), Paris, Flammarion, 1977 / *Book of Dreams*, San Fancisco, City Lights Books, 1961.

Big Sur (trad. Jean Autret), Paris, Gallimard, 1966 / *Big Sur*, New York, Farrar, Straus and Cudahy, 1963.

Visions de Gérad (trad. Jean Autret), Paris, Gallimard, 1972 / 1987 ; *Visions of Gerard*, New York, Farrar, Straus and Cudahy, 1962.

Satori à Paris (trad. Jean Autret), Paris, Gallimard, 1971 / 1987 ; *Satori in Paris*, New York, Grove Press Inc., 1966.

Les anges vagabonds (trad. Michel Deutsch), Paris, Denoël, 1968 / *Desolation Angels*, New York, Coward-McCann Inc., 1968. Extraits reproduits avec la permission de SLL/ Sterling Lord Literistic, In. Copyright by Jack Kerouac.

Vanité de Duluoz : une éducation aventureuse 1935-1946 (trad. Brice Mathieussent), Paris, Éditions Christian Bourgois, 1979 / *Vanity of Duluoz : An Adventurous Education 1935- 1946*, New York, Coward-McCann, 1968.

Pic (trad. Daniel Poliquin), Montréal, Québec Amérique, 1987 ; Paris, La Table Ronde, 1988 / *Pic*, New York, Grove Press, 1971.

Poèmes (trad. Philippe Mikriammos), Paris, Seghers, 1976 / *Scattered Poems*, San Fancisco, City Lights Books, 1971.

Visions de Cody (trad. Brice Mathieussent), préface d'Allen Ginsberg, postface d'Yves Brun, Paris, Christian Bourgois,

1990 / *Visions of Cody* (introduction by Allen Ginsberg), New York, McGraw-Hill Book, 1973.

Girl driver (trad. Robert Pépin), Paris, Denoël, 1981 / *Baby Driver*, New York, St Martin's Press, 1979.

Vieil ange de Minuit. Suivi de *Cité Cité cité*, *Shakespeare* et *L'Outsider* (trad. Pierre Guglielmina), Paris, Gallimard, 1998 / *Old Angel Midnight*, San Francisco, Grey Fox Press, 1993.

Vraie blonde et autres (trad. Pierre Guglielmina), Paris, Gallimard, 1998 (textes français de « Principes de la prose spontanée » et « Croyance et technique pour la prose moderne ») / *Good Blonde and Others*, San Francisco, Grey Fox Press, 1993.

Heaven and Other Poems, San Francisco, Grey Fox Press, 1977.

Poems of All Sizes (Jack Kerouac and Allen Ginsberg), San Francisco, City Lights Books, 1992.

Les Américains, photographies de Robert Franck, préface de Jack Kerouac, Paris, Delpire, 1993.

Lettres choisies, 1940-1956 (trad. Pierre Guglielmina), préface d'Ann Charters, Paris, Gallimard, 2000 / *Selected Letters*, 1940-1956, vol. I, Ann Charters (ed.), New York, Viking Press, 1995.

The Portable of Jack Kerouac, Ann Charters (ed.), New York, Viking Press, 1995.

Atop and Underwood. Early Stories and Other Writings, (ed. Paul Marion) New York, Viking Penguin, 1999.

Book of Blues (trad. Pierre Guglielmina), Paris, Denoël, 2000 / *Book of Blues*, New York, Penguin Books, 1995.

Dharma (trad. Pierre Guglielmina), Paris, Fayard, 2000 / *Some of the Dharma*, David Stanford (ed.), New York, Viking Press, 1997.

Anges de la désolation (trad. Pierre Guglielmina), Paris, Denoël, 1998 / *Desolation Angels*, New York, G.P. Putnam's Sons, 1995.

Lettres choisies 1957-1969 (trad. et préface de Pierre Guglielmina), Paris, Gallimard, 2007 / *Selected Letters*, vol. II, Ann Charters (ed.), New York, Viking Press, 1999.

Le vagabond américain en voie de disparition, précédé de *Grand voyage en Europe* (trad. Jean Autret), Paris, Gallimard, 2002.

The Beat Generation : the Lost Work, Toronto, Harper Collins, 2005 / New York, Da Capo Press, 2006.

Door Wide Open. Kerouac-Johnson Letters, New York, Viking Press, 2000.

Orpheus Emerged (introduction by Robert Creely), New York, Books/Live Reads, 2002 (c. 2000).

Le livre des haïku, Paris, La Table Ronde, 2006 / *Book of Haikus*, Regina Weinrich (ed.), New York, Penguins Books, 2003.

Sur la route et autres romans, (Éd. établie et présentée par Yves Buin) Paris, Gallimard, 2003.

Windblown World. The Journals of Jack Kerouac, 1947-1954, Douglas Brinkley (ed.), New York, Penguin Books, 2004.

Bibliographies

Ann Charters, *A Bibliography of Works by Jack Kerouac*, New York, Phoenix Bookshop, 1967 (Revised Edition, 1975).

Yves Le Pellec, *Jack Kerouac and the American Critics. A Selected Bibliography*, Caliban n° X, Université de Toulouse-Le Mirail, 1973.

Robert Milewski, *Jack Kerouac : An Annotated Bibliography of Secondary Sources*, Metuchen (NJ), Scarecrow Press, 1981.

Biographies

Ann Charters, *Kerouac*, New York, Viking Press, 1973 / *Kerouac, le vagabond* (trad. Monique Poublan), Paris, Gallimard, 1974 ; Montréal, Éditions de l'Étincelle, 1975.

Charles J. Jarvis, *Visions of Jack Kerouac. The Life of Jack Kerouac*, Lowell, Mass, Ithaca Press, 1974.

Barry Gifford et Lawrence Lee, *Jack's Book : An Oral Biography of Jack Kerouac*, New York, St Martin's Press, 1978 / *Les vies parallèles de Jack Kerouac* (trad. Brice Mathieussent) Paris, Henri Veyrier, 1979.

Tom Clark, *Jack Kerouac. A Biography* (introduction by Carolyn Cassady), London, Plexus, 1984.

Gerald Nicosia, *Memory Babe, A Critical Biography of Jack Kerouac*, University of California Press, 1983 (Édition de poche, 1994), *Memory Babe* (trad. Marcel Deschamps et Élizabeth Vonarburg), Montréal, Québec Amérique, 1994 ; Paris, Verticales, 1998.

Carolyn Cassady, *Sur ma route : ma vie avec Neal Cassady, Jack Kerouac, Allen Ginsberg et autres* (trad. Marianne Vernon), Paris, Denoël, 2000.

Michael J. Dittman, *Jack Kerouac : A Biography*, coll. « Greenwood Biographies », Wesport (Connecticut), Greenwood Press, 2004.

Paul Maher Jr, *Kerouac. The Definitive Biography*, Toronto, Lanham, Taylor Trade Publishing, 2004.

Quelques études, essais et critiques

Burroughs / Kerouac / Pélieu, *Jack Kerouac*, Paris, L'Herne, 1971.

Victor-Lévy Beaulieu, *Jack Kerouac. Essai-poulet*, Montréal, Éditions du Jour, 1972 (réédité en 2004, coll. « Typo ») ; Paris, L'Herne, 1973.

Barry Gilford et Laurence Lee, *Les vies parallèles de Jack Kerouac* (trad. Brice Matthieussent) Paris, Henri Veyrier, 1979 ; nouvelle éd., Paris, Rivages, 1993.

Denis McNalley, *Desolate Angel. Jack Kerouac, the Beat Generation and America*, New York, Montres, Toronto, McGraw-Hill, 1980.

Warren French, *Jack Kerouac*, Boston, G. K. Hall and Co., 1986.

Regina Weinreich, *The Sponataneous Poetics of Jack Kerouac. A Study of the Fiction*, Carbondale and Edwardsville, Southern Illinois University Press, 1987.

Pierre Anctil (dir.), *Un homme grand : Jack Kerouac at the crossroads of many cultures ; Jack Kerouac à la confluence des cultures*, Ottawa, Carleron University Press, 1990.

John J. Darfner, *Kerouac : Visions of Rocky Mount*, Raleigh, Cooper Street Publications, 1991.

Daniel Pasquereau, *Tombeau de Jack Kerouac*, Paris, L'Incertain, 1994.

Bertrand Agostini et Christiane Pajotin, *Itinéraire de l'errance*, Vénissieux, Éditions Paroles d'Aube, 1998.

Yves Le Pellec, *Jack Kerouac. Le Verbe vagabond*, Paris, Belin, 1999.

Miles Barry, *Jack Kerouac : Roi des beatniks* (trad. Jean-Pierre Mourlon), Monaco, Éditions du Rocher, 1999.

Omar Swartz, *The View from on the Road. The Rhetorical Vision of Jack Kerouac*, Carbondale and Edwardsville, Southern Illinois University Press, 1999.

James T. Jones, *Jack Kerouac's Duluoz Legend. The Mystic Form of an Autobiographical Fiction*, Carbondale and Edwardsville, Southern Illinois University Press, 1999.

Alain Jégou et Hervé Quéméner (dir.), *Kerouac City Blues* (ouvrage collectif), Baye, La Digitale, 1999.

Matt Théodot, *Understanding Jack Kerouac*, Columbia, University of South Carolina, 2000.

Ben Giamo, *The Word on the Way. Prose Artist as Spiritual Quester*, Carbondale and Edwardsville, Southern Illinois University Press, 2000.

John Clellon Holmes, « The horn still blows » (1958), dans Andrew Clark (ed.), *Riffs and Choruses : A New Jazz Anthology*, London, New York, Continuum, 2001, p. 270-272.

Daniel Pasquereau, *Jack Kerouac, l'ami américain*, Bordeaux, Le Castor astral, 2000.

Yves Buin, *Jack Kerouac : Vendredi après-midi dans l'univers*, Paris, Jean-Michel Place, 2000.

François Ricard, « Vécrire », *La littérature par elle-même*, Montréal, Boréal, 2002, p. 103-107.

Marcel Labine, *Le roman américain en question*, Montréal, Québec Amérique, 2002, p. 61-66.

Patricia Dagier et Hervé Quémener, *Jack Kerouac, Breton d'Amérique*, Brest, Éditions Le Télégramme, 2009.

Jean Philippe Marcoux, « Jack Kerouac et l'Amérique », *Québec français*, n° 154, été 2009, p. 82-85.

Notes

Introduction
1. André Malraux, *Le triangle noir*, Paris, Gallimard, 1970, p. 49.
2. Maurice Blanchot, « La facilité de mourir », Paris, NRF, n° 197, mai 1969, p. 749.
3. Voir, entre autres, les biographies, critiques et essais de la bibliographie à la fin de ce volume.
4. Nous indiquons entre parenthèses le titre et le numéro de la page des œuvres dont sont extraites les citations. Les références des éditions consultées figurent dans la bibliographie.
5. L'appellation « Amérique », dans cet essai, veut presque toujours dire « États-Unis », mais englobe aussi le Mexique et Mexico. Dans *Sur la route*, Kerouac parle de « nuit américaine », de « nuit d'Amérique » ; dans *Les souterrains*, il appelle « Rimbauds et Verlaines d'Amérique » ses compagnons de la Beat Generation, et ainsi de suite.
6. On comprendra que cette division en deux parties est rendue nécessaire en raison des besoins de l'exposé. Il n'y a rien de tel dans la réalité existentielle de Kerouac où la vie et l'écriture sont inséparables. L'écrivain vit de son écriture et son écriture de lui. L'un est fondu dans l'autre et vice-versa ; ils forment un tout indissociable.
7. Douwe Fokkema, *Literary History, Modernism and Postmodernism*, Amsterdam et Philadelphie, Johns Benjamin Publishing Company, 1984, p. 36-37.
8. Frederic Jameson, « The Cultural Logic of Late Capitalism », chapitre I de *Postmodernism or the Cultural Logic of Late Capitalism*, Dunham Duke University Press, 1991, reproduit dans *Modernism and Postmodernism. An Anthology*, Lawrence Cahoone (ed.), Oxford, Blackwell, 1995, p. 569, [*has to be imagined in terms of an explosion, a prodigious expansion of culture throughout the social realm to the point*

at which everything in our social life – from economic value and state power to the very structure of the psyche itself—can be said to have become cultural in some original and yet untheorized sense].

* Les extraits des articles et des ouvrages qui n'ont pas déjà été traduits ni publiés en français ont été traduits par l'auteur. Nous mentionnons en note le texte original.

Chapitre 1

1. « Je suis Canadien, ce qu'on appelle Canuck, je n'ai pas su parler anglais avant cinq ou six ans, à seize ans, je parlais avec un accent hésitant [...] » (*Les souterrains*, 11).

2. « Je suis de souche française, bretonne plus exactement. Mon premier ancêtre nord-américain fut le baron Alexandre Louis Lebris de Kerouac, de Cornouaille, Bretagne – 1750 et des poussières ; il lui fut octroyé une terre le long de la Rivière du Loup après la victoire de Wolfe sur Montcalm ; ses descendants épousèrent des Indiennes (Mohawk et Caughnawaga) et se consacrèrent à la culture des pommes de terre ; le premier descendant qui s'installa aux États-Unis fut mon grand-père, Jean-Baptiste Kerouac, charpentier à Nashua, New Hampshire. La mère de mon père, une Bernier, était apparentée à Bernier, l'explorateur – tous Bretons du côté de mon père. Ma mère a un nom normand, L'Évesque » (*Le vagabond solitaire*, 10).

3. Traversant la Californie, il s'imagine vivant sa jeunesse dans un décor texan : « [...] je voudrais être un petit enfant dans un berceau, dans ma douce maison style ranch, avec mes parents qui boivent lentement dans le salon, avec la fenêtre, semblable à un tableau, qui laisse voir la petite arrière-cour, avec les chaises et la pelouse, la palissade brune aux pieux pointus, style ranch, les étoiles dans le ciel, la nuit dorée, pure, sèche et odorante... » (*Le vagabond solitaire*, 94).

4. Jack London, *The Road*, New York, Macmillan, 1907 ; et Arthur Valder-Marshall (ed.), *Jack London*, Vol. II, London, The Bodley Head, 1964, p. 319-454.

5. Julien Gracq, « La route », *La presqu'île*, Paris, José Corti, 1970, p. 12.

6. Ann Charters, *Kerouac, le vagabond*, Paris, Gallimard, 1974, p. 316.

7. Samuel Hazo, « The poets of retreat », *The Catholic World*, octobre 1963, p. 33, [The *important thing is that you are on the move*]. *The basis of the whole Beat Generation is movement*, dit Dan Wakefield, dans « Jack K. comes home », *Atlantic Monthly*, juillet 1965, p. 69-71.

8. *A certain new gesture, or attitude, which I can only describe as a new more* (Jack Kerouac, « Beatific. On the origin of a Generation », *Encounter*, n° 71, août 1959, p. 57-61).
9. Dan Wakefield, « Jack K. comes home », *Atlantic Monthly*, juillet 1965, p. 69-72, [*a stubborn innocence, idealism, respect for family, love of friends, and a kind of romantic nostalgy*].
10. V. Carr (*ed.*), *Dos Passos. A Life*, Garden City (N. Y.), Doubleday, 1984, p. 79, [*In order to imagine a new city, we must indeed erase the less important recollection of the time past*].

Chapitre 2
1. Norman Podhoretz, « The Know-Nothing Bohemians », *Partisan Review*, 13 février 1958, p. 305-318.
2. Frederick Feied, *No Pie in the sky. The Hobo as American cultural Hero in the works of Jack London, John Dos Passos and Jack Kerouac*, New York, The Citadel Press, 1964.
3. L'expression employée par Kerouac laisserait entendre l'inaction ou l'inertie de l'être, alors que dans l'esprit du Tao il vaudrait mieux parler de *non-réagir*.
4. John Lardas, *The Bop Apocalypse: The Religious Visions of Kerouac, Ginsberg and Burroughs*, Urbana, University of Illinois Press, 2001, chapitre intitulé « Sex, Drugs and Theology », p. 114.
5. Robert Linssen, *Le zen, sagesse d'Extrême-Orient: un nouvel art de vivre?*, coll. « Marabout Université », Verviers, Éditions Gérard et cie, 1960, p. 89-90.
6. Allen Ginsberg, sous le nom d'Alvah Goldbook.
7. Krishnamurti, *Le livre de la méditation et de la vie*, Paris, Stock, 1997, p. 396.
8. Robert Linssen, *op. cit.*, p. 82.

Chapitre 3
1. En 1970, Edgar Morin écrivait qu'« à la différence de la France où le mouvement est avant tout idéologico-politique, le mouvement américain est existentiel et veut révolutionner le mode de vie [...] en Amérique. Ici les mots *Love, Happiness, Peace, Freedom*, ont un sens très fort, très pur. Ce sont des mots-fondements pour la nouvelle société, la nouvelle religion qui veulent naître : *Peace* veut dire non seulement "Paix au Viêtnam", mais aussi "la paix soit entre nous", "la paix soit avec nous", "je veux la paix intérieure" » (Edgar Morin, « La mutation occidentale », *Esprit*, octobre 1970, p. 548 et 546).

2. « Sur l'origine d'une génération », *Vraie blonde et autres*, 93.
3. Cité par Ann Charters, *Kerouac, le vagabond*, Paris, Gallimard, 1974, p. 196.
4. John Clellon Holmes, *Go*, New York, Hartcourt Brace, 1953.
5. John Clellon Holmes, « Here is the Beat Generation », *New York Times Magazine*, 16 novembre 1952.
6. *I wrote* On the Road *in three weeks in the beautiful month of May 1941* (sic)... *on a 100-feet roll and put the Beat Generation in words in there...* (Jack Kerouac, « Beatific. On the origin of a Generation », *Encounter*, n° 71, août 1959, p. 57-61).
7. Herbert Gold, « Hip, Cool, Beat – and Frantic », *Nation*, vol. 185, n° 16, 1957, p. 349-355, [*One of the heroes of* On the Road, *of course, is Allen Ginsberg (under the name of Carlo Marx), just as one of the heroes of* Howl *is Jack Kerouac (under the name of Jack Kerouac)*].
8. Gilbert Milstein, « On the Road », *New York Times Review*, 5 septembre 1957.
9. Mike Wallace, « Books in Review », *New York Herald Tribune*, 19 septembre 1957, p. 31, [*He dreams of America in the authentic rolling rhythms of a Whitman or a Thomas Wolfe, drunk with eagerness for life*].
10. Ralf Gleason, « Kerouac's Beat Generation », *Saturday Review*, 11 janvier 1958, p. 75.
11. Freeman Champney, « Beat-up or Beatific », *The Antioch Review*, printemps 1959, vol. XIX, n° 1, p. 114-121, [*Kerouac has no real answers to the larger problems of living in modern society [...]. On the evidence submitted, his Subterraneans and Bums do a lot of willing around but the level of interaction is as ritually avid as George F. Babbit's Boosters in solemn conclave assembled. Nothing is more irritating in Kerouac than his wide-eyed celebration of infantilism as profound discoveries*].
12. Irving Feldman, « Stuffed Dharma », *Commentary*, décembre 1958, p. 533-544, [*It is precisely this void of the make-believe of life by analogy, which constitutes the simple-minded revolt to which the San Francisco writers have given tongue and trumpet; a lesser nihilism which, lacking all commitment to the world, can no more imagine the world's destruction than it can its existence, and must shuttle between non-conformity's empty affirmation*].
13. Norman Podhoretz, « The Know-Nothing Bohemians », *Partisan Review*, 13 février 1958, p. 305-318, [*It worships primitivism, instinct energy, blood [...]. The primitivism of the Beat Generation serves first of all as a cover for an anti-intellectualism*].

14. Norman Mailer, « The White Negro », dans Gene Feldman et Max Gartenberg (ed.), *The Beat Generation and the Angry Young Men*, New York, Citadel Press, 1958.
15. Le propos a été repris dans un article : « The Origins of the Beat Generation », *Playboy* VI, juin 1959, p. 31-32, 42, 42-79.
16. John Clellon Holmes, « The Philosophy of the Beat Generation », *Esquire*, février 1958, [*To be beat is to be at the bottom of your personality looking up*].
17. Jules Michelet, *Le peuple* (1846), coll. « Culture européenne », Lausanne, La Concorde, 1946.
18. Seymour Krim, dans Jack Kerouac, *Desolation Angels*, London, Mayflower Paperbacks, 1968, Préface, p. 18 et 24, [*art is more than literal social history, so that if Kerouac is a novelist-historian in the sense of James T. Farrell, F. Scott Fitzgerald or the early Hemingway, he like them must also show the soul of his matter in the form ; the artist-writer's lovely duty is to materialize what he is writing about in a shape indivisible from its content*].
19. *Ars Poetica, Poèmes choisis* (trad. Renaud de Jouvenel), Paris, Pierres Seghers, 1964, p. 64.

Chapitre 4

1. Jack Kerouac, *Windblown World : The Journals of Jack Kerouac 1947-1954*, Douglas Brinkley (ed.), New York, Penguin, 2004.
2. Eugene Burdrick, « The Innocent Nihilists », *Reporter*, 3 avril 1958, [*Kerouac is a bad writer and often a silly one...*].
3. Norman Podhoretz, « The Know-Nothing Bohemians », *Partisan Review*, 13 février 1958, p. 313-314.
4. Ernest van Den Haag, *National Review*, 11 avril 1959, p. 658-660, [*The jive he writes is a counter-language ; it removes all differentiation, all subtlely even meaning and grammar [...]. Kerouac has nothing to say and he says it badly*].
5. Ann Charters, *Kerouac, le vagabond*, Paris, Gallimard, 1974, p. 142.
6. George Sand, *Consuelo*, suivi de *La comtesse de Rudolstadt*, coll. « Folio classique », Paris, Gallimard, 2004, tome I, préface de Léon Cellier et Léon Guichard, p. 21.
7. Montaigne, *Essais*, livre 1, chap. XXVII, « De l'amitié », Œuvres complètes, éd. « La Pléiade », Paris, Gallimard, 1962, réédition 2001.
8. John Lardas, *The Bop Apocalypse : The Religious Visions of Kerouac, Ginsberg and Burroughs*, Urbana, University of Illinois Press, 2001, p. 181.

9. « Est-il possible de lire Kerouac en faisant abstraction de sa biographie ? Je ne le pense pas. Quoi que prétende la "science textuelle", je dis qu'on est ici en présence d'une de ces œuvres rigoureusement indissociables de leur référence biographique, une de ces œuvres qui, si on les détache de l'espèce de *continuum* qu'elles forment avec la vie de leur auteur, cessent pratiquement de "fonctionner" et perdent une part importante, peut-être essentielle, de leur signification » (François Ricard, « Vécrire », *La littérature en elle-même*, Montréal, Boréal, 2002, p. 103).
10. Louis D. Bubin Jr, « Two gentlemen of San Francisco », *Western Review*, printemps 1959, p. 281, [*are written with a strained but quite genuine sense of style, a talent for characterization, an accurate but unmistakable originality*].

Chapitre 5
1. Norman Mailer, « The White Negro », dans Gene Feldman et Max Gartenberg (ed.), *The Beat Generation and the Angry Young Men*, New York, Citadel Press, 1958, p. 103.
2. Seymour Krim, dans Jack Kerouac, *Desolation Angels*, London, Mayflower Paperbacks, 1968, Préface, p. 16, [*Its essentials were this : Kerouac would "sketch from memory" a "definite image-object" more or less as a painter would work with a still life ; this "sketching" nessitated an "undisturbed flow from the mind of ideawords" comparable to a jazz soloist blowing freely*].
3. Jackson Pollock, 1947, [*On the floor I am more at ease, I feel nearer, more a part of the painting, since this way I can walk around in it, work from the four sides and be literally "in" the painting*] cité par Michael Fried, *Contre la théâtralité. Du minimalisme à la photographie contemporaine*, Paris, Gallimard, 2007, p.19.
4. Eric-Emmanuel Schmitt, *Odette Toulemonde et autres récits*, Paris, Albin Michel, 2006.

Chapitre 6
1. Ann Charters, *Kerouac, le vagabond*, Paris, Gallimard, 1974, Avant-propos.
2. *Ibid.*, p. 158-159. Voir « Le grand Jack », vidéo de l'Office National du Film (ONF), réalisé par Herménégilde Chiasson et produit par Éric Michel (*Le Sel de la Semaine*, 1967), dans laquelle on trouve des témoignages de Jean-Claude Germain, d'Allen Ginsberg et de Gilles Archambault. Ce dernier présente le jazz dans l'œuvre de Kerouac comme une réponse à l'angoisse caractéristique du jazzman.

3. Paul Valéry, *Œuvres*, tome I, Paris, Gallimard, Bibliothèque de la Pléiade, 1957, p. 1413.
4. Dan Wakefield, « Jack K. comes home », *Atlantic Monthly*, juillet 1965, p. 69-72, [*his jazzedup, breathless, outbursts of language ; the old-fashioned folksy style that speaks* staying-up-late-a-night].
5. Daniel Belgrad, *The Culture of Spontaneity : Improvisation and the Arts in Postwar America*, Chicago, University of Chicago Press, 1998, p. 1, [*the will to explore and record the spontaneous creative art*].
6. *The music of inner freedom, of improvisation, of creative individual rather than the interpretive group* (John Clellon Holmes, « The philosophy of the Beat Generation », *Exquire*, février 1958, p. 38).
7. Jacques Godbout, *Salut Galarneau*, coll. « Points », Paris, Seuil, 1967.
8. François Ricard, « Vécrire », *La littérature contre elle-même*, coll. « Boréal Compact », Montréal, Boréal, 2002, p. 104.
9. Charles Baudelaire, « Tout l'univers visible n'est qu'un magasin d'images et de signes auxquels l'imagination donnera une valeur relative », « Critique d'art. Salon 1859 », *Œuvres complètes*, préface de Claude Roy, notice et notes de Michel Jamet, Paris, Robert Laffont, 1980, p. 755.
10. Charles Baudelaire, « Sur Théodore de Banville », *ibid.*, p. 530.
11. Ralph Gleason, *Saturday Review*, 11 janvier 1958, p. 75.
12. Jack Kerouac, « Belief and Technique for Modern Prose », *Evergreen Review*, printemps 1959, p. 57, [*« the unspeakable visions of the individual ; Write what you want bottomless from the bottom of the mind*]. Les citations suivantes sont également tirées de cet article.
13. *The object is set before the mind, either in reality, as in sketching (before a landscape or teacup or old face) or is set in the memory wherein it becomes the sketching from memory of a definite image-object* (*ibid.*, p. 72).

Conclusion
1. Sergio Kokis, *L'amour du lointain*, coll. « Romanichels », Montréal, XYZ, 2004, p. 300.

Bibliographie
1. Cette bibliographie respecte l'ordre chronologique de parution en anglais des œuvres de Jack Kerouac.

Constantes

BEAUDRY Jacques ⮕ *Hubert Aquin : la course contre la vie*
BEAUDRY Jacques ⮕ *La fatigue d'être : Saint-Denys Garneau, Claude Gauvreau, Hubert Aquin*
BOSCO Monique ⮕ *Ces gens-là*
BOSCO Monique ⮕ *Eh bien ! la guerre*
CHAR Antoine ⮕ *Deadline America*
DUMONT Fernand ⮕ *Pour la conversion de la pensée chrétienne*
DUQUETTE Jean-Pierre ⮕ *Colette – L'Amour de l'amour*
FRÉGAULT Guy ⮕ *Le Dix-Huitième Siècle canadien*
GARAND Dominique ⮕ *Accès d'orgine ou pourquoi je lis encore Groulx, Basile, Ferron…*
KATTAN Naïm ⮕ *Culture – alibi ou liberté ?*
KATTAN Naïm ⮕ *Le Désir et le pouvoir*
KATTAN Naïm ⮕ *Écrire le réel*
KATTAN Naïm ⮕ *L'Écrivain migrant*
KATTAN Naïm ⮕ *Écrivains des Amériques*
  Tome I   Les États-Unis
  Tome II Le Canada anglais
  Tome III L'Amérique Latine
KATTAN Naïm ⮕ *La Mémoire et la promesse*
KATTAN Naïm ⮕ *La Parole et le lieu*
KATTAN Naïm ⮕ *Le Père*
KATTAN Naïm ⮕ *La Réconciliation*
KATTAN Naïm ⮕ *Le Réel et le théâtral*
KATTAN Naïm ⮕ *Le Repos et l'oubli*

LEMOYNE Claude (dir.)	⮕	*Convergences*
LÉVESQUE Claude (dir.)	⮕	*La Censure dans tous ses états*
LÉVESQUE Claude (dir.)	⮕	*La Poésie comme expérience*
LÉVESQUE Claude (dir.)	⮕	*Qu'en est-il des intellectuels aujourd'hui ?*
MAJOR Jean-Louis	⮕	*Entre l'écriture et la parole*
MARCOTTE Gilles	⮕	*Une littérature qui se fait*
MCLUHAN Marshall	⮕	*D'œil à oreille* Traduction : Derrick de Kerckhove
MCLUHAN Marshall	⮕	*La Galaxie Gutenberg* Traduction : Jean Paré
MCLUHAN Marshall	⮕	*Pour comprendre les médias* Traduction : Jean Paré
MOISAN Clément	⮕	*Comparaison et raison*
MOISAN Clément	⮕	*Poésie des frontières*
MORIN Michel	⮕	*Créer un monde*
MORIN Michel	⮕	*Mort et résurrection de la loi morale*
MORIN Michel et BERTRAND Claude	⮕	*Les Pôles en fusion*
OUELLETTE Fernand	⮕	*Les Actes retrouvés*
OUELLETTE Fernand	⮕	*Écrire en notre temps*
ROWLAND Wade	⮕	*La Soif des entreprises : cupidité inc.* Traduction : Julie Lavallée
SAINT-DENYS Garneau	⮕	*Lettres à ses amis*
SAINT-MARTIN FERNANDE	⮕	*Les fondements topologiques de la peinture*
SAINT-MARTIN FERNANDE	⮕	*Structures de l'espace pictural*
SIMARD Jean	⮕	*Une façon de parler*
STERN Karl (Dr)	⮕	*Le Refus de la femme*
TRUDEAU Pierre Elliott	⮕	*Le Fédéralisme et la société canadienne-française*
VADEBONCŒUR Pierre	⮕	*La Ligne du risque*

WRIGHT Ronald ☞ *Brève histoire du progrès*
　　　　　　　　 Traduction : Marie-Cécile Brasseur
WRIGHT Ronald ☞ *Découvrir l'Amérique*
　　　　　　　　 Traduction : Julie Lavallée
　　　　　　　　 et Marie-Cécile Brasseur

Achevé d'imprimer en janvier 2010
sur les presses de Marquis Imprimeur
Montmagny, Québec.